U0749400

双循环视域下流通产业协同治理研究

郝云宏　曲　亮　王亚之　等　著

浙江工商大学出版社
ZHEJIANG GONGSHANG UNIVERSITY PRESS
·杭州·

图书在版编目(CIP)数据

双循环视域下流通产业协同治理研究 / 郝云宏等著
. — 杭州:浙江工商大学出版社,2022.12
ISBN 978-7-5178-5241-4

Ⅰ.①双… Ⅱ.①郝… Ⅲ.①流通产业—产业发展—
研究—中国 Ⅳ.①F724

中国版本图书馆 CIP 数据核字(2022)第 229923 号

双循环视域下流通产业协同治理研究
SHUANG XUNHUAN SHIYU XIA LIUTONG CHANYE XIETONG ZHILI YANJIU

郝云宏　曲　亮　王亚之　等　著

责任编辑	谭娟娟
责任校对	林莉燕
封面设计	浙信文化
责任印制	包建辉
出版发行	浙江工商大学出版社
	(杭州市教工路 198 号　邮政编码 310012)
	(E mail:zjgsupress@163.com)
	(网址:http://www.zjgsupress.com)
	电话:0571-88904980,88831806(传真)
排　版	杭州朝曦图文设计有限公司
印　刷	杭州高腾印务有限公司
开　本	710 mm×1000 mm　1/16
印　张	11.75
字　数	185 千
版 印 次	2022 年 12 月第 1 版　2022 年 12 月第 1 次印刷
书　号	ISBN 978-7-5178-5241-4
定　价	49.00 元

本著作为此项目资助成果：

教育部人文社会科学重点研究基地重大项目"互联网经济视域下流通产业协同治理问题研究"（编号：17JJD790019）

前　言

　　本书立足双循环背景下互联网经济对传统流通产业组织秩序造成的全面冲击,通过有效的机制设计,在互联网经济基础上构建集政府部门的商务管理、中间组织的行业管理、包括平台运营商在内的流通自律管理、媒体和消费者参与的社会监督管理于一体的"官民"协同共治的新型流通治理体系,即"政府有机调控—价值链高效契合—产业内企业自组织"的流通产业"一纵一横一核心"协同治理体系,进而从机制设计和路径设计二个维度构建激励机制、约束机制、沟通机制、资源共享机制,在"内外协同治理"理念的指导下,预防产业安全风险,加深流通产业组织化程度,增强流通产业组织竞争力,为供给侧结构性改革提供理论支撑和对策建议。本书基于"双循环新发展格局"这一具体情境,深度解析流通产业组织"一纵一横一核心"协同治理体系,回答"是什么—为什么—会怎样—怎么样"4个核心问题,即对双循环视域下流通产业协同治理体系的系统构成、运作机理、运行模式与实施对策进行分析,构建起该主题研究的系统理论框架。

　　就内容而言,本书逐步展开以下研究内容:

　　首先,通过系统构建双循环视域下流通产业协同治理体系,解答双循环视域下流通产业协同治理体系"是什么"的问题,搭建起研究的基础理论框架。该部分是本书的基础性研究,拟以现有文献为基础,以现有国家治理理论、社会治理理论及公司治理理论为支撑,对流通产业协同治理体系内部各个利益相关者进行系统梳理。

其次，对双循环视域下流通产业治理的不同维度及逻辑关系进行研究。我们认为，双循环的发展格局对流通产业的治理格局产生了深刻的影响，让其发生了巨大的变化，简言之，就是形成"一纵一横一核心"的立体产业结构协同治理体系。在此基础上，我们进而分析双循环视域下流通产业协同治理策略。该部分是本书的可操作化对策部分，重在解答面对双循环视域下流通产业协同治理该"怎么做"的问题。本部分在治理框架的基础上，针对实践中的困境，重点细化"制度治理—组织治理—技术治理"的实现路径。前期调研发现，当前流通产业协同治理意识不强、动机尚不明确，通过构建激励机制、沟通机制、资源共享机制来发挥整个系统的作用是必须思考的内容。在此过程中，政府作为系统的重要外部监管力量，在充分发挥市场经济作用的基础上，应明确如何构建外部治理监管规则；消费者作为流通产业协同治理的最终利益导向之一，对其应如何采取相机治理机制的设计；处于流通产业关键环节的平台型企业和平台内企业角色不同，流通产业内不同业态的企业在整个治理体系中的功能也应有所差异，需要明确企业的角色与其他企业间的内在联系；上下游的厂商与渠道终端也应有机地发挥自身对整个系统的治理价值。此外，在"内外协同治理"理念的指导下，还需要从政策、社会、文化、环境等角度思考流通产业协同治理的外部保障措施。

再次，通过准则搭建，形成双循环视域下流通产业协同治理落地机制。该部分是整本书的核心环节。在清晰掌握双循环视域下流通产业协同治理体系的系统建构、协同治理策略的基础上，针对协同治理原则不清晰、参与主体界定模糊、参与者权责不明确等问题，构建双循环视域下流通产业协同治理准则。我们认为治理主体包括形式、结构和成员各不相同的政府，流通产业内企业和社会组织及公众。应秉承"多元化治理"的秩序观，从系统观出发，识别治理系统中各主体的关联性，综合考虑各方利益和诉求，建立政府顶层推动、企业利益驱动和社会组织参与联动的"三位一体"治理机制。

最后，通过典型案例分析，解析双循环视域下流通产业协同治理体系的应用策略。该部分以会展产业和电商平台企业为分析对象，重在揭示双循环视域下流通产业协同治理机制。立足主体与路径的协同治理体系，根据不同的治理维度，针对性分析其当前协同治理结构和面临的治理困境，进而提出相应的完善建议，为其他企业的协同治理发展提供借鉴。特别是围绕新发展格局下，贸易摩擦对中国流通产业的影响,提出了协同治理机理及协同治理策略。该部分重在解释贸易摩擦背景下,中国流通产业将如何有效开展协同治理。在前期调研和查阅文献资料的基础上,以价值链为导向,发现贸易摩擦对中国的流通产业造成了三方面的影响:增大劳动密集型企业出口压力,抑制高新技术出口企业发展,影响服务贸易产业发展。应根据受贸易摩擦的影响程度及我国流通产业的特点,重新设计、优化协同治理体系,明确不同治理主体的责、权、利关系,提高治理主体相互之间的协同度,建立多元主体协同治理体系。

本书从治理的视角切入,以制度构建为核心,围绕国家供给侧结构性改革的战略部署,对消费者微观行为、物流系统行为、分销渠道行为、内外贸一体化行为进行解读,构建统一的外部环境系统,构建整体性的运行机理,以实现流通系统协同治理机制创新"有力、有度、有效"的新要求。

本书的研究创新在于通过五个研究内容与其他研究内容形成互补与呼应,最终构建完整的流通系统新理论,为我国制造业与商贸流通的协同发展奠定理论基础,具体从以下四个方面来体现。

第一,本书研究贯穿"政府—企业—消费者"之间的纵向治理体系,在微观的消费者研究与流通分销系统之间搭建有机的桥梁,基于双循环新发展格局下商业模式创新和分销系统创新的研究,深度解析二者之间的逻辑关系,形成更为一致的研究结论。

第二,本书将制度环境外生变量内生化,立足新制度经济学、新政治经济学和社会治理理论,对物流系统的利益相关者格局进行细致梳理,对内外部流通系统面对的治理环境进行多维分析,为流通体系的创新提供制度体系的有力支撑。

第三,本书立足系统性角度,分析流通产业组织之间的关系,构建流通产业格局与新秩序;立足流通产业整体系统,从治理的角度解读流通系统变革可能存在的产业安全风险,并从制度的角度提出治理对策,形成更具整体性和科学性的研究结论。

第四,本书聚焦供给侧结构性改革,将制度创新和外部政策构建作为研究的落脚点,将各个子研究内容的重要结论上升至制度层面,形成决策支持,体现智库价值。

本书是浙江工商大学公司治理与战略管理研究所的集体成果。在郝云宏教授的带领下,曲亮教授、邱毅教授、殷西乐副教授、王亚之老师完成了具体章节的撰写工作。其中郝云宏教授负责全书总体框架的设计,曲亮教授、王亚之老师负责机理分析和治理准则设计的研究,邱毅教授负责会展模块的分析,殷西乐副教授负责电商模块的案例分析。作为研究团队的骨干,团队中的硕、博研究生参与并承担了本书的撰写工作。其中,绪论和会展产业的案例分析部分由高玥、陈峰、陈一璇撰写(人均约13000字);理论基础、综述和结论部分由王伦、刘瑾撰写(人均约12000字);理论体系构建部分由陈会茹、蒋开基、宦锦瑶、邵月婷和杜梦寒撰写(人均约12000字);电商平台的案例分析部分由包冰乐撰写(约13000字);影响机理研究部分由许塬杰、熊思婧撰写(人均约12000字);博士研究生高玥负责全书的统稿和校对工作。在此对上述同学一并表示感谢。

目 录

第1章 绪论

一、研究背景

(一)现实背景

习近平总书记在党的二十大报告中提出:"高质量发展是全面建设社会主义现代化国家的首要任务。发展是党执政兴国的第一要务。没有坚实的物质技术基础,就不可能全面建成社会主义现代化强国。必须完整、准确、全面贯彻新发展理念,坚持社会主义市场经济改革方向,坚持高水平对外开放,加快构建以国内大循环为主体、国内国际双循环相互促进的新发展格局。"可见,构建双循环新发展格局已成为党中央在国内外环境发生显著变化的大背景下,推动经济实现质的有效提升和量的合理增长的重大战略部署。而要实现以国内大循环为主体,就意味着要激活内需,着力打通国内关于生产、分配、流通、消费的各个环节,使要素和商品能够在国内这个统一的大市场内自由流动,提升资源配置效率,发挥中国超大规模市场优势来助推经济发展。在双循环新发展格局背景下,流通是连接生产和消费的桥梁和纽带,而商贸流通业则是在国民经济中发挥着促进商品流通循环作用的基础性产业。因此,建设现代流通体系,促进商贸流通业的发展,无疑会对畅通国内大循环、构建新发展格局提供有力支撑。

在我国,商贸流通业是指商品流通和为商品流通提供服务的产业。商贸流通主要是成品制造商将商品经过批发商、零售商再送到消费者手中的一个市场流通过程。通常情况下,其是按照从生产地到消费地的商品流转过程运行的,其中主要涉及的市场经济流通要素包含商流、物流、信息流、资金流。与我国流通产业相呼应的行业主要包含批发业、零售业、物流业、餐饮业、信息产业和金融业等。

我国流通产业存在的问题不只是单个制造业的问题,而是影响全国实体经济的问题。商贸流通业是带动经济发展的重要力量,尤其是在新经济背景下,随着流通产业的技术手段和经营方式不断创新,具有多种新兴商贸业态和经济成分的商贸企业为经济增长提供源源不断的新动力。2009 年,批发业商品销售总额仅为 22558 亿元,2017 年则达到 52999.9 亿元,专卖店、超市、团购、电子商务等新兴商贸业态发展成熟并进一步扩展,已成为商贸流通业的重要组成部分,具有多种经济成分的商贸企业形态欣欣向荣,促进技术进步及技术积累。商贸流通业还帮助吸纳了大量就业,缓解经济增长中的就业压力。2009 年,批发业和零售业从业人数分别为 272530 人和 276765 人,截至 2017 年则分别达到了 399967 人和 320822 人,这不仅为经济增长提供了劳动力支持,还促进了社会和谐发展。商贸流通业及商品市场是联结生产与消费的中间环节,是工农、城乡和地区之间经济联系的桥梁和纽带,是社会化大生产的重要环节,是决定经济运行速度和效益的引导性力量,是反映经济发展和社会繁荣程度的窗口,是衡量综合国力和居民生活水平的"晴雨表",是市场经济成熟程度的反映。

在社会主义市场经济体系高速运行的大环境下,流通产业已经成为我国社会生产与社会消费的"中介",时刻关系着我国国民经济在发展过程中所有产业部门与区域经济的运行效率,更是在国民经济的运行效率和经济增长的实际效益等方面发挥着至关重要的作用。张廷艳(2016)关于流通产业与国民经济关系的典型相关性分析文章,直观展现了流通产业在国民经济中的作用,如表 1-1 所示。

表 1-1　2011 年我国 31 个省区市流通产业基本发展状况统计

单位:亿元

省区市	流通产业发展水平	省区市	流通产业发展水平	省区市	流通产业发展水平
广东	14891.8	湖南	4913.7	天津	2430.8
山东	12363.0	福建	4481.0	云南	2051.2
江苏	11484.1	安徽	3527.8	贵州	1257.3
浙江	8622.3	黑龙江	3401.8	甘肃	1192.0
河南	6746.4	吉林	2957.3	新疆	1177.5
河北	5964.4	内蒙古	2855.4	海南	537.5
湖北	5812.6	山西	2809.0	宁夏	339.4
辽宁	5778.9	广西	2790.7	青海	300.5
四川	5758.7	陕西	2699.7	西藏	157.6
北京	5309.9	江西	2484.4		
上海	5173.2	重庆	2497.0		

　　在社会主义市场经济发展及经济体系制度的变革过程中,流通产业对我国国民经济的发展起到了一定的先导作用,广东、江苏、山东、上海尤为明显。换言之,我国的流通产业负责将制造商所生产出来的产品通过交换流通到消费者手中,在这个流通的过程中,所涉及的产业领域非常广泛,这在很大程度上反映了我国当前的整体社会生产力水平。

　　流通产业与国内生产制造业的关系主要体现在区域市场经济快速发展期间,生产与流通之间的相互关系,涉及市场销售、品牌运营等相关的流通环节。可以说在这种关系下,商贸流通业对于区域市场内生产制造行业的技术创新起到了非常重要的作用。不仅如此,在市场经济内各种关系不断演变的过程中,区域内商贸流通业对国内生产制造业的全要素生产率也起到较为显著的正面影响,其中具有典型意义的有化工行业、电子设备制造业、专用设备制造行业等,这些行业都属于资本密集型产业。但是,在流通产业与国内生产制造行业相互促进发展的过程中,也存在着潜在威胁,主要体现在批发零售环节。虽然流通产业的现代化发展对国内现阶段制造业有强有力的支撑作用,但批发业的相对萎缩和零售商的规模化转型,对国内生产制造领域的发展及产成品的产出带来了负面影响。然而这一负面影响,在我国东部沿海经济发达地区并不显著,在中西部地区却展现得淋漓尽致,其原因是我国中西部地区流通产业的发展相对滞后,这也是中西部地区生产制造业发展的"瓶颈"。

商贸流通不但能够创造充足的物质财富,也有利于促使社会分工更加细化,有利于有效解决生产与消费之间的实际矛盾,对一个国家及地区的经济增长做出重要贡献。商贸流通业是一种产业类型,它的出现、发展及繁荣会对社会经济发展产生一定的促进作用,其创造的经济价值是国民经济生产总值的重要部分。同时,商贸流通业为更好地发挥桥梁和枢纽作用,针对流通经济活动必须建立立体化空间结构。在物流、资金流、信息流中,信息流是商品实现传输的媒介,物流则完成使用价值的转移。整个商贸流通借助立体网络,获取最大的经济收益。

对比西方发达国家,中国商贸流通业发展得比较粗放。2021年,中央财经委员会第八次会议指出,中国流通体系现代化程度仍然不高,还存在不少堵点急需打通。就物流成本而言,2013年,中国社会物流总费用为10.2万亿元,占GDP的18%,是发达国家的2倍多。就业人数上,发达国家商贸流通业的就业人数占第三产业就业总人数的35%左右,但中国只有约10%。一些政府部门过度追求数量增长,对质量和效益的提升重视不足,导致中国商贸流通业的发展明显存在重末轻本特征,且扩张规模十分粗放。虽然中国商贸流通业总量较大,但结构不合理的状况十分明显。中国商贸流通业具有城大乡小的格局特征,2000—2012年,商贸流通总额中,城区占63.6%,县和县以下地区占36.4%。

党的二十大报告明确指出,加快建设网络强国、数字中国,"加快发展数字经济,促进数字经济和实体经济深度融合,打造具有国际竞争力的数字产业集群"。处在当代互联网迅速发展的大环境之下,我们要把握机遇,运用互联网这个"工具",不断探索并发展我国的商贸行业。现在我国正处于民众生活与互联网息息相关的时期,也是我国与他国有差距的时期,我们要把握好机遇,努力发展本国商贸流通业,为民众创造更加便捷、高效的条件。同时,加快互联网的发展,让互联网更好地与生活相连接,加快传统行业的转型,让这些行业跟上时代的潮流。在新形势下,我国可以借助各种优势,加快商贸流通业的发展,推动整体经济发展,提高人民的生活水平。

互联网产业需要借助其他产业的发展才能最大限度地发挥优势,传统产业也需要互联网产业的融入来提高效率。(黎星池等,2019)2015 年 9 月,国务院办公厅发布《关于推进线上线下互动　加快商贸流通创新发展转型升级的意见》(国办发〔2015〕72 号),将互联网产业与商贸流通业有机结合,希望通过互联网产业与商贸流通业的融合,提升商贸流通业的运转效率,从而促进我国商贸流通业优化升级。(王永娟,2018)在此背景下,国内很多学者对互联网产业与商贸流通业的融合进行了研究。宋瑞(2016)对"互联网＋"背景下商贸流通业的发展模式进行了系统分析,认为互联网时代商贸流通业的价值链主导模式被重构、实体交易被重构,在此背景下,商贸流通业应该采取社群模式、跨界平台联合模式、线上与线下融合模式。辛晖(2017)分析了"互联网＋"背景下我国商贸流通业的发展现状,认为我国商贸流通业存在物流成本高、流通效率低、竞争力不足等缺点,只有加强互联网产业与商贸流通业的融合才能解决我国商贸流通业面临的困境。严从(2017)以长江经济带为例探究了互联网产业与电子商务产业的融合发展模式,认为二者融合能够削减成本,加快我国商贸事业的转型发展;同时在产业融合过程中培育出新的产业,发展出新的业态,从而打造新的经济增长点。马慧肖等(2018)以京津冀为例探究了互联网产业与商贸流通业融合发展的现状与策略,认为互联网产业与商贸流通业融合既能够增强互联网产业发展活力,也能够促进商贸流通业结构升级。黎星池等(2019)以贵州为例探究了互联网产业与商贸流通业的协调发展情况,认为自 2010 年以来,贵州互联网产业与商贸流通业的融合程度逐渐加深,促进了二者的发展。

商贸流通业作为一个发展较晚,但对国民经济至关重要的产业,受产业互联网的影响。现今没有任何一家企业能够游离于产业互联网体系之外,线上、线下概念已经逐步模糊,二者也不再具有严格界限。从简单的互联到万事万物全体系的互联,商贸流通业需要通过这种新趋势、新模式进行优化升级。京东无人超市、无人便利店等大量出现,移动支付规模逐步扩大,互联网与实体环境的边界已经开始模糊,这些逐步改变了商贸流通业的发展形态。

互联网经济下社会组织间的交互程度不断加深,使冲突问题日益凸显,治理理论从微观企业向产业和社会领域不断拓展,流通产业协同治理成为新方向。

互联网经济发展的重要特征之一是立足信息技术改变了传统单边的社会交互形式,通过多边的平台型组织不断拓宽组织的边界,进而形成新的利益相关者格局,而主体之间由于激励不相容所形成的冲突成为亟待解决的关键问题。与此同时,通过设计激励约束机制,构建协调利益相关者主体关系的治理理论,基于经典的公司治理领域不断发展和创新,研究对象从公司向其他社会组织拓展,而且越来越关注互联网经济下围绕产业价值链及网络化结构的主体协同治理问题,流通产业就是治理理论持续关注的重点行业。

互联网经济下流通组织之间的关系日益复杂,组织化程度低、秩序混乱严重制约流通产业升级,亟待通过协同治理提升产业组织能力与竞争优势。

互联网所带来的技术创新在改变社会结构、提升整体效率的同时,也对流通产业的利益相关者造成冲击,特别是让立足信息技术形成的平台型企业在流通产业中占据更为核心的位置。网络平台组织采取多边运行机制,导致企业之间竞争与合作的格局更为复杂,相互之间的协同治理问题就成为组织运行面临的新问题,与此对应产生的"物流爆仓""信用危机""平台舞弊"等问题都是传统流通产业不曾面临的新问题。可见,如何构建涵盖现有流通利益相关者的激励兼容的治理机制,成为互联网环境下亟待解决的关键问题。

(二)理论背景

流通产业是国民经济体系中的重要产业,是关联生产与消费的桥梁性产业,关系到国民经济体系的整体周转效率。(田华,2016;芮明杰,2013)流通产业的发展对经济社会的发展具有显著的促进作用(曾银娥,2016),同时,流通产业的影响力与经济发展水平也呈现出显著的正向关系(杨龙志,2015)。

我国流通领域存在的一系列问题已经严重阻碍了流通产业的正常发展,转变流通产业发展方式已成为共识。学者们从不同角度对转变流通产业的发展方式进行了较为丰富的实证研究。(李丽等,2011;李晓晨,2011;上创利等,2013)基于产业链整合的视角,学者们从流通观念、流通功能、流通模式等方面对现阶段我国流通产业发展方式转变的路径进行规划,以期实现产业链整体竞争力的全面提升。(上创利等,2013)在探讨如何更好地转变流通产业发展方式的同时,学者们也对现有流通产业的规范化发展及治理结构进行了探讨。促进和规范流通产业的发展可以从多方面着手,如完善流通法律制度和利用大数据技术进行监测和预警等,治理取代管理已成为共识。(王锦良,2015)何大安(2012;2014)在充分研究中国流通产业市场组织结构的基础上,提出要改变流通市场组织结构中的低效现象,必须重塑流通市场治理结构。

我国流通市场规范化程度较低,竞争秩序比较混乱,监管难度较大,单独依靠政府治理很难有效解决流通产业的治理问题,行业协同治理为流通市场的有效治理提供了可行性思路。公共治理理论突破了单一政府解决公共问题的局限,强调政府与各种社会组织的合作治理。(James,1992)在网络技术与信息技术的支持下,政府、民间组织、企业、公民个人等社会多元主体相互协调,合作治理社会公共事务,以追求最大化的治理效能,最终达到最大限度地维护和增进公共利益之目的。(刘飞等,2013;何水,2008;刘伟忠,2012)其中既包括具有法律约束力的正式制度和规则,也包括各种促成协商与和解的非正式制度安排。(何水,2008;刘伟忠,2012)要达至对公共危机的协同治理,必须进行制度创新,具体包括完善协同治理的法规制度和优化协同治理的权责体系等。(张立荣等,2008)

流通产业竞争力是一个国家竞争力的重要组成部分,流通产业可持续发展的关键就是在国际竞争的背景下提升竞争力。(纪宝成,2009;纪宝成,2010;吴云贝,2015)目前,我国流通产业的先进技术应用情况与欧美等发达国家仍存在较大差距。(芮明杰等,2013)流通产业竞争力主要体现在三个方面,即基于连锁经营的线上线下一体化,基于大数据技术的精准营销,以及精确、及时、可靠、安全的物流配送体系。(赵萍,2015)学者们从不同角度出发构建了流通产业竞争力评价指标体系,并利用我国区域数据进行了实证研究。(蒋卫华,2016;刘根荣等,2011;付丹丹,2011;孙敬水等,2013)影响流通产业增长的因素较为复杂且作用机理各有不同,实证结果表明需求因素仍然是影响我国流通产业增长的最重要因素。(王晓东等,2016)流通产业只有不断流通创新,才能推动自身从传统的流通产业向现代流通产业转变。(李靖华等,2014;2015)

二、研究意义与创新点

(一)理论意义

首先,厘清了双循环视域下流通产业协同治理的体系构成和作用机理,这是本书的重点之一,即解答"是什么、为什么"的问题。由于流通产业涉及的范围较广,囊括的利益相关者也非常复杂,在一个完整的治理框架下涵盖的流通产业内部的主要对象也是较为复杂的。而且由于产业生态圈本身的主体多元性和关联复杂性,以及在不同利益相关者主体之间又存在差异,要提取共性因素难度非常大。此外,不同治理维度所依据的治理模式也存在较大的差异,因此进行分类治理并将治理维度进行有机整合就显得非常重要,也存在一定的研究难度。

其次,构建双循环视域下流通产业协同治理体系的风险防范和演进路径是本书的重点之二,即解答"怎么样"的问题。其研究难点在于确立研究目标后,如何实现目标和构建可操作的路径,这才是理论研究与实践结合的关键,而治理对策的合理性和可操作性也是检验理论研究是否与实践研究统一的关键。虽然本书已设计了制度治理、组织治理、技术治理三条路径,但每条路径都是相对独立且与其他路径有关联的研究内容,因此在制度梳理、组织内功能整合方面难度较大,但本书都会做相应的解答,提出相应的治理办法。

最后,基于国家供给侧结构性改革的战略高度构建流通产业协同治理策略,是本书的重点之三,即解答"怎么做"的问题。在此过程中,政府作为重要的外部监管力量,要以协同治理的视角切入,以制度构建为核心,将制度环境外生化的研究假设进一步深化,进行整体性的运行机理分析;要在"内外协同治理"理念的指导下,实现流通系统协同治理机制创新"有力、有度、有效"新目标。这些是本书研究的重大挑战。

(二)现实意义

"互联网＋"战略自全面实施以来,已经成为我国发展的新动力之首。与此同时,"互联网＋流通"的变革与意义也是众说纷纭。"互联网＋流通"的行动计划自提出以来,对我国商贸流通业的创新推动具有重大影响。

商贸流通是经济发展的一个中间环节,引导产品的生产和消费,是产品经济的核心,是我国商贸发展的"桥梁"。本书在"互联网＋"视角下,通过对实际案例(步行街、进博会等)及贸易摩擦和新冠疫情影响下商贸流通业治理的探讨研究,并结合我国的国情,提出了一系列基于协同治理视角的见解和建议。

本书以互联网经济下流通产业变革为研究背景,以建构流通产业治理体系为目标,构建政府部门的商政管理、市场监管部门的执法管理、社团协会的自律管理、流通企业的自我管理、消费者的社会监督管理"五位一体"的流通治理体系;以跨部门、全过程监管为升级方向,加快构建集监管、服务、维权于一体的流通管理体系;以大数据应用和机制创新为升级方向,加快构建统一协调、分级负责、快速响应的市场应急供应管理制度和协调机制。本书的研究成果对于促进互联网与流通产业深度融合,缓解产业格局下的治理冲突,推动流通产业转型升级具有重要的意义。

本书围绕流通产业"一纵一横一核心"的立体产业结构,通过着力提升"物流、资金流、信息流和商流"的流通效率和效能,实现消费者权益提升、流通产业效率提升及核心企业效能提升的目标;构建"政府有机调控—价值链高效契合—产业内企业自组织"的协同治理体系,进而从机制设计和路径设计两个维度构建激励机制、约束机制、沟通机制、资源共享机制;在"内外协同治理"理念的指导下,从政策、社会、文化、环境等多元角度思考流通产业协同治理的外部保障措施。

(三)创新之处

本书的创新之处在于:

第一,新的研究视角。目前关于流通产业发展的研究主要立足产业组织理论、产业格局理论及企业管理等视角,而对治理维度的分析,特别是协同治理的研究较少。本书将对该问题的研究置于"互联网经济"这一具体背景中,尝试重新认识和建构流通产业的全景性治理体系,而且将协同治理立于国家供给侧结构性改革的战略高度,研究视角具有一定的高度和新颖性。

第二,研究方法的集成应用。受研究层面所限,现有文献对于流通产业的治理机制研究更多立足国家宏观调控和微观公司治理的维度,缺乏一个系统的集成。本书综合数据挖掘、实证分析、机制设计、系统整合等多种方法,贯穿国家治理、价值链治理、供应链治理及公司治理,构建"一纵一横一核心"的治理系统,对现有研究进行有益补充。

第三,形成新的学术观点和治理思路。观点一:互联网背景下的流通产业治理系统是涵盖多元利益主体的复杂治理系统,因此必须甄别梳理后通过分类治理的思路进行构建,"一纵一横一核心"是值得尝试的方向。观点二:流通产业治理系统的核心价值在于构筑了产业内外部利益相关者激励相容的机制,其核心在于流通平台型企业在治理体系中发挥重要的作用。观点三:关注点从当前传统商贸流通的自觉治理系统转向互联网视域下的协同治理系统,因此必须从制度、组织和技术等维度构筑可行有序的演化路径。观点四:实现互联网背景下流通产业协同治理系统价值的关键在于构建激励机制、约束机制、沟通机制、资源共享机制等核心机制。

三、研究内容与框架

(一)研究框架

本书包含五个研究内容,都是围绕"互联网+"背景下的中国流通体系如何提升国家竞争优势展开的。本书从治理的视角切入,以制度构建为核心,围绕国家供给侧结构性改革的战略部署,对消费者微观行为、物流系统行为、分销渠道行为、内外贸一体化行为展开统一的外部环境系统解读,进行整体性的运行机理分析,以实现流通系统协同治理机制创新"有力、有度、有效"新目标。

本书通过五个研究内容与其他研究内容形成互补与呼应,最终构建完整的流通系统新理论,为我国制造业与商贸流通业的协同发展奠定理论基础,具体从四个方面来体现。

首先,本书研究贯穿了"政府—企业—消费者"纵向治理体系,在微观的消费者研究与流通分销系统之间构建了有机的桥梁,并在研究"互联网+"背景下商业模式创新和分销系统创新之后,深度解析二者之间的逻辑联系,形成更为一致的研究结论。

其次,本书将制度环境外生变量内生化,立足新制度经济学、新政治经济学和社会治理理论,对流通系统的利益相关者格局进行细致梳理,对内外部流通系统面对的治理环境进行多维分析,为流通系统的创新提供基于制度体系的有力支撑。

再次,本书立足系统的角度分析流通产业组织之间的关系,构建流通产业格局与新秩序;立足流通产业整体系统,从治理的角度解读流通系统变革可能存在的产业安全风险,并从制度的角度提出治理对策,形成更具整体性和科学性的研究结论。

最后,本书聚焦于供给侧结构性改革,将制度创新和外部政策构建作为研究的落脚点,将各子研究内容的重要结论上升至制度层面,形成决策支持,体现智库价值。

本书立足互联网经济对传统流通产业组织秩序造成的全面冲击,通过有效的机制设计构建在互联网经济基础上集政府部门的商务管理、中间组织的行业管理、包括平台运营商在内的流通自律管理、媒体和消费者参与的社会监督管理于一体的官民协同共治的新型流通治理体系,即"政府有机调控—价值链高效契合—产业内企业自组织"的流通产业"一纵一横一核心"协同治理体系,进而从机制设计和路径设计两个维度构建激励机制、约束机制、沟通机制、资源共享机制,在"内外协同治理"理念的指导下,预防产业安全风险,提升流通产业组织化程度,增强流通产业竞争力,为供给侧结构性改革提供理论支撑和对策建议。

本书将流通产业协同治理置于"互联网经济"这一具体情境下,深度解析流通产业"一纵一横一核心"协同治理体系,回答"是什么—为什么—怎么样—怎么做"四个核心问题,即对双循环视域下流通产业协同治理体系的系统构成、运作机理、风险防范及演化路径与实施对策进行分析,构建起该主题研究的系统理论框架(见图1-1)。

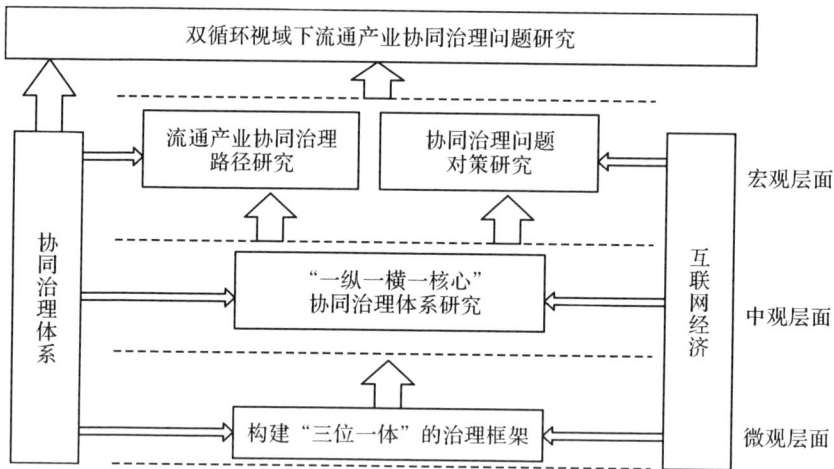

图 1-1　理论框架

(二)研究内容

本书研究解构为以下五个部分有序进行。

研究内容一:系统构建——双循环视域下流通产业协同治理体系构建。该部分是本书的基础性研究内容,用以解答双循环视域下流通产业协同治理体系"是什么"的问题,从而搭建起研究的基础理论框架。该部分以现有文献为基础,以现有国家治理理论、社会治理理论及公司治理理论为支撑,就流通产业协同治理体系内部各个利益相关者进行系统梳理,然后对双循环视域下流通产业协同治理不同的维度及逻辑关系进行研究。我们认为,互联网经济对流通产业的治理格局产生了巨大的影响,简言之就是形成"一纵一横一核心"的立体产业结构协同治理体系,如图 1-2 所示。

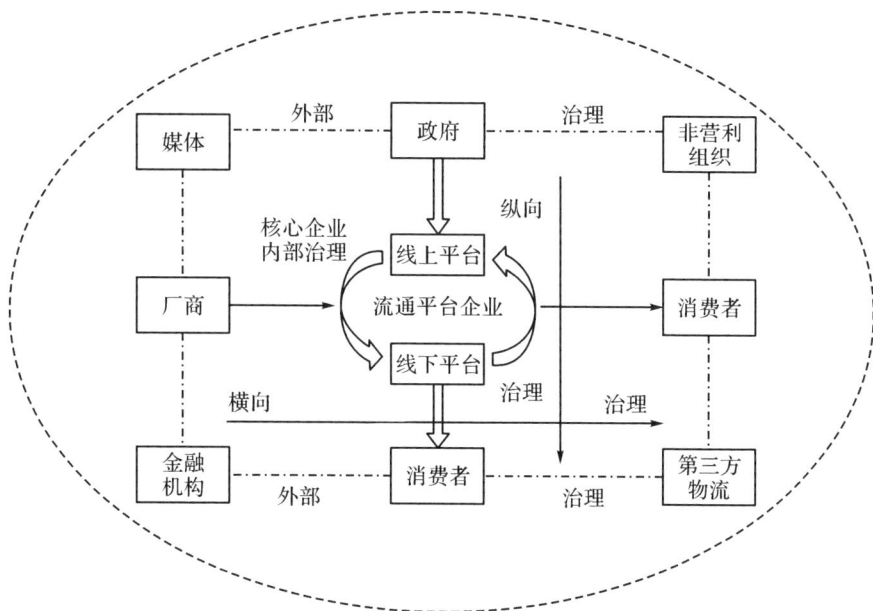

图 1-2　立体产业结构协同治理体系

研究内容二:机理分析——双循环视域下流通产业协同治理体系运行机理。该部分重在揭开双循环视域下流通产业协同治理的形成过程中的"黑箱",解答"为什么"能够形成协同治理效应,以及分析为何会治理失灵而引出"平台造假""物流爆仓""渠道冲突"等问题。立足"一纵一横一核心"协同治理体系,针对不同的治理维度,分析其内外部的影响因素,分析流通产业组织之间竞争合作条件下的协同治理机制,进而将三个维度的治理系统整合为外部治理与内部治理机制,形成综合性的运行机理模型,有效解释不同利益相关者在流通产业治理过程中的激励约束影响因素,从而进一步设计有效的激励相容机制。

研究内容三:风险治理——双循环视域下流通产业风险治理研究。该部分重在解释流通组织运行过程中所遇到的治理风险,包括宏观周期性风险、产业安全风险、供应链治理风险及平台组织网络治理风险。在双循环视域下,必须有效地对流通系统所面对的风险进行识别,并依托内在机理进行有效治理。特别要立足互联网下大数据平台的特殊治理价值,对流通环节中平台企业寡头格局所形成的隐性风险进行特别分析和论证,进而提出风险应对策略。

研究内容四:治理演进——双循环视域下流通产业协同治理体系的演进分析。该部分是整本书的核心环节,在清晰掌握双循环视域下流通产业协同治理体系的系统建构、运行机理的基础上,有针对性地构建起从传统流通产业治理模式向互联网情境下的全新流通产业协同治理机制的转型路径是理论真正指导实践的关键。在前期调研和文献整理的基础上,我们认为双循环视域下流通产业协同治理体系演进应该遵循"内外协同治理"的演化路径,并包含三大内容:一是制度治理演进,从制度创新的视角建立起激励产业链成员规范守法的制度措施;二是组织治理演进,从组织创新的视角研究"反舞弊同盟""诚信共同体"等类似协同组织的设立和介入方式;三是技术治理演进,从技术创新的视角研究如何应用互联网背景下的信息化技术做好流通产业的协同治理体系演进。

研究内容五:应对机制——双循环视域下流通产业协同治理体系的对策体系。该部分是本书的可操作化对策部分,重在解答面对双循环视域下流通产业协同治理困境该"怎么做"的问题。在治理框架的基础上,针对实践中的困境,我们将重点细化"制度治理—组织治理—技术治理"的实践路径。前期调研发现,当前流通产业协同治理意识尚不够强,动机尚不明确,构建起激励机制、约束机制、沟通机制、资源共享机制来发挥整个系统的作用是必须思考的环节。在此过程中,政府作为系统的重要外部监管力量,在充分发挥市场经济作用的基础上,应考虑如何构建外部治理监管规则;消费者作为流通产业协同治理的最终利益导向之一,应考虑如何采取相机治理机制;由于处于流通产业关键环节的平台型企业和平台内企业的角色不同,流通产业内不同业态的企业在整个治理体系中的功能也应有所差异,且需要明确企业的角色与企业间的内在联系;上下游的厂商与渠道终端也应有机地发挥自身对于整个系统的治理价值。此外,在"内外协同治理"理念的指导下,还需要从政策、社会、文化、环境等角度思考流通产业协同治理的外部保障措施。

四、研究方法

(一)文献研究法

在准备撰写本书的基础阶段,笔者以双循环视域下流通产业发展研究为主题导向,针对这一研究主题推导出"互联网经济发展"和"商贸流通业"等一系列关键词,通过国内外权威数据库检索相关文献:国内以各综合性数据库,如中国期刊全文数据库等为主,重点检索 CSSCI 收录的期刊;国外则以 Web of Science 数据库为主,主要检索 SSCI 收录的期刊。广泛查阅与本主题相关的文献资料,将经典文献的精读和各类相关文献的泛读有机结合,对互联网经济视域下流通产业发展文献进行系统梳理和深入思考,从而掌握该领域的研究现状和研究脉络。在文献整理过程中始终保持与现实的连接和碰撞,努力探寻现有研究的缺口,凝练出研究问题。文献研究法主要应用于本书的第 2 章,对流通产业演进历程、流通产业治理研究和互联网经济协同治理研究等相关文献进行整理与分析,界定相关变量的概念和维度,并为逻辑推演变量之间的模型构建和逻辑关系假设提供理论基础。

(二)规范分析法

本研究在文献研究的基础上,对搜集到的文献进行整理与分析后,结合平台型企业协同治理的具体时间,运用规范分析法,对定性研究和定量研究的构念关系和路径机制进行讨论、分析和总结,并提出具有实践操作性的具体对策建议。

(三)扎根理论法

基于目前关于互联网经济视域下商贸流通业的研究不多,界定各有不同,且流通产业治理测量维度尚处于空白状态的研究现状,本研究采用扎根理论这一质性研究方法,依靠由一手资料和权威二手资料构成的证据链,对商贸流通业协同治理体系的构建及其治理准则进行探索性研究。

第 2 章　研究的理论基础：文献综述

　　流通是生产的瓶颈，是企业家的困惑，是生产企业难以逾越的门槛。正确认识流通问题，不仅关系到生产企业产品价值的实现，也关系到流通体制改革的深化，可见，充分发挥流通产业的作用是完善社会主义市场体制建设的根本性问题。（黄国雄，2005）韩耀等（2006）认为，流通是社会再生产过程中的重要环节，社会系统运行的效率在很大程度上与流通的效率有关。裴长洪等（2008）将传统的以物质产品为对象的"流通"概念扩大到包括非物质产品，如同样发生在社会再生产过程中的服务业劳动。流通的基本解释之一是商品、货币的流转。从本质上讲，流通就是劳动产品或者生产物从生产领域向消费领域的转移。作为上联生产、下联消费的关键环节，流通是维系社会总供给和总需求动态平衡的核心枢纽。（谢莉娟等，2021）

一、流通产业的演进历程

　　流通产业涉及商品所有者的一切贸易关系，是商流、物流、信息流和资金流的集合，包括批发、零售、餐饮、物流、信息和金融等诸多行业。商流指商品价值形态的流通，物流指商品实物形态的流通，信息流指商品社会形态的流通，资金流指商品货币形态的流通。流通产业是以商流为核心，以物流、信息流、资金流为支撑的产业形态。作为社会经济的组成部分，流通产业执行着促进与商品有关的贸易关系流通的功能，前文提到流通的效率在很大程度上决定了社会系统运行的效率（韩耀等，2006），高效运作的流通体系的建设离不开技术的发展与运用，因此，应当结合技术的演进历程对流通产业演进历程进行协同梳理。

根据《关于建国以来党的若干历史问题的决议》中的划分，中华人民共和国成立以来的流通产业共经历了四个阶段：首先是 1949—1956 年，此时我国基本完成社会主义改造；其次是 1957—1966 年，此时我国开始全面建设社会主义；再次是 1967—1976 年，此时我国经历了"文化大革命"；最后是 1976 年粉碎"四人帮"至今，尤其是 1978 年十一届三中全会之后，我国进入改革开放的转折时期。（丁俊发，2019）

根据我国流通产业发展的实际情况，结合上述划分，从技术发展的视角出发，将工业产业的演进脉络分为四个大的阶段，分别是工业 1.0、工业 2.0、工业 3.0 和工业 4.0 时代。

习近平总书记在中央财经委员会第八次会议中指出，"在社会再生产过程中，流通效率和生产效率同等重要"。工业的技术发展改变了产品的生产模式和生产效率，而流通作为衔接生产与消费的关键环节，上游生产阶段的重大技术变迁和发展都会对流通领域的演进产生重大影响。工业革命引起的生产方式的变革和生产率的大幅度提升，使得商品的供给量大幅度增加，从而对商品的流通和分销提出了更高要求，引发流通产业体系的变革。

因此，从商业变换的组织方式和流通技术的演变来看，流通产业同样经历了由 1.0 到 4.0 的漫长发展过程。（董弋萱，2021）

（一）流通产业工业化阶段

流通产业工业化阶段即流通 1.0 时代。在这一阶段，流通的主要形式是传统的"点式流通"，即以小商小贩、前店后厂方式为主的商品流通。（王挺革，2015）流通 1.0 时代与工业 1.0 时代相对应，第一次工业革命的爆发使得机器生产代替了手工生产，虽然生产率有所提升，但市场上的商品仍处于一种供不应求的状态，因而这一阶段的经营理念是以销售为中心的规模化经营理念。

随着 1852 年在法国出现了世界上第一家百货商店,百货商店逐步取代传统的杂货店,成为商品的主要流通形式。百货商店的出现和兴起改变了传统点式流通产业的产权形式和经营方式。百货商店将现代企业制度和经营管理方式与流通产业相结合,成为历史上第一个实行资本运作和集约化经营的大型销售组织,为现代流通产业的发展奠定了基础。(晏维龙,2002)

在我国,无论是在经济恢复时期还是在计划经济时期,都十分重视流通产业的发展。毛泽东同志在 1956 年召开的中央政治局扩大会议上,在总结苏联的经验与教训的基础上,结合中国经验提出了"十大关系";同时,在《十五年社会主义建设纲要四十条(1958—1972)》初稿的修改中,毛泽东同志特别强调广泛发展商品性生产,通过商品交换来满足人民日益增长的需要,并且在 1958 年印发的《中共中央、国务院关于适应人民公社化的形势改进农村财政贸易管理体制的决定》中,特意强调:"在现阶段,利用商品生产、商品交换、货币制度、价值规律等形式,有利于促进社会主义生产,有利于向社会主义的全面的全民所有制过渡。"

中华人民共和国刚成立时存在着五种不同的经济成分(分别是国营经济、合作社经济、个体经济、私人资本主义经济和国家资本主义经济),在流通领域也是如此,此时的城乡小商贩约有 650 万人,私营商业与个体商业的零售额在整个商品零售额中占了很大的比重。但在中华人民共和国成立初期,一些资本家在商品短缺的情况下,哄抬物价,搅乱市场,致使物价出现了几次大波动。(丁俊发,2019)影响比较大的是朝鲜战争的爆发导致美国及其同盟对中国实行经济封锁、禁运,使我国的商品更加紧缺,市场物价上涨。

中央政府在 1949 年成立了中央人民政府贸易部,对国内外贸易进行统一管理,并重点解决了以下几个问题:通过调整流通领域的生产关系,建立了以国营商业为主、合作商业为辅、五种经济成分并存的流通格局,明确了管理与发展我国流通产业的大政方针,对一切合法的公私贸易进行保护(人民咨询,2021);对外实行贸易管制,采取国家统一的经济计划,实行国内贸易自由政策,对扰乱市场的投机商业行为进行取缔,在经济恢复时期实现了"公私兼顾""城乡互助""国内贸易自由"和"对外贸易管制"(徐涛,2018);在流通管理体制上进行高度的集中,对贸易进行统一计划、统一经营、统一管理(徐涛,2018)。

我国在第一个五年计划阶段实行的流通产业政策主要是:大力发展城乡间的

物资交流,通过促进工农业生产来保持市场物价稳定,保障供给,以此巩固工农联盟;对私营商业进行社会主义改造,促使其从"私"向"公"过渡;加大与社会主义国家间的贸易,开辟对资本主义国家的贸易;在第二个五年计划阶段,加强对工农业产品的收购和供应,扩大商品流通规模;改进购销关系,对生活必需品进行统销,对某些工业品实行选购,并有计划地组织一部分在国家领导下的自由市场;贯彻稳定物价的方针,促进生产的发展;进一步发展商业网,方便人民生活;贯彻"自力更生为主,争取外援为辅""国内市场为主,国外市场为辅"的原则,稳步发展对外贸易。(丁俊发,2019)

在经历了"大跃进"和"人民公社化运动"之后,1961年,国民经济进入"调整、巩固、充实、提高"的调整时期。"商业四十条"、《关于商业工作问题的决定》和《关于全党大搞对外贸易收购和出口运动的紧急指示》等文件相继出台。

(二)流通产业市场化阶段

流通2.0时代即流通产业市场化阶段。流通产业发生第二次重大技术结构变迁的主要标志是超级市场的兴起(韩耀等,2006)和连锁商店这一新型零售组织形式的出现。第二次工业革命之后,电力的使用促进了产品大批量生产的高效模式的出现,市场中的商品由供不应求向供过于求转变,卖方竞争激烈,买方市场开始形成。技术进步带来了社会生产力的提升和市场竞争的加剧,同时也使得商业经营理念由以销售为中心向以市场为中心转变。超级市场的兴起带来了销售制度的创新,自助式开架购货形式和自动化技术的出现,既节省了流通费用和运营成本,又体现了"以顾客为中心"的经营宗旨;连锁商店的出现则改变了经营扩张的方式,连锁经营克服了地域限制,为企业发展提供了巨大的空间。流通2.0时代的"面式流通",使流通产业的发展进入了以企业化、组织化贸易商为主体,以区域性固定市场、商场为场所的商品流通阶段。

在党的十一届三中全会上,确立了党在新时期的思想、政治和组织路线,实施了经济体制改革和对外开放的重要举措。改革开放后,邓小平同志提出了重要的市场流通论,主要是:计划于市场上,冲破苏联模式的长期束缚,即社会主义也可以搞市场经济;在经济全球化的趋势下,必须充分利用国内外两种资源、两个市场,进行一体化大流通的发展;在综合改革上,集生产、分配、流通、消费于一体,促进生产、分配、流通、消费协调发展。理论突破与实践创新,为我国的流通产业开辟了新的天地。在此阶段,我国打破了国有商业一统天下的局面,基于计划与市场相结合的原则,逐步形成了由多种流通渠道、多种经济成分和多种经营形式构成的流通格局;建立了有计划的商品经济体制,对流通领域的企业结构、批发体系、价格制度、经营机制等进行了全面改革,通过扩大企业自主权,采取多元化的经营责任制,促进流通体制向市场取向改革;依据社会主义市场体系的要求,建立多层次、多形式、多功能的商品批发交易市场,初步形成包含批发零售、期货现货,并与有形无形市场相结合的交易体系;1992年,进一步加大对流通领域的改革力度,特别是对粮食、棉花、成品油等的流通体制改革,推进以连锁经营、现代物流与电子商务等为重点的流通现代化建设;1993年,撤销商业部、物资部,组建国内贸易部的决定,打破了生活资料流通与生产资料流通相分割的局面。(丁俊发,2019)

(三)流通产业信息化阶段

随着流通产业由1.0时代向2.0时代迈进,流通的效率在一定程度上得到了提高,但一直到流通2.0时代,随着流通环节的增多,信息不透明、信息化程度差等的弊端开始显露。第三次工业革命促进电子信息与数字化技术发展,在此时为流通产业的变革提供了有力的技术支持,流通产业由此迈入了新的高速发展阶段。

在流通3.0时代即流通产业信息化阶段,流通产业的发展迈入互联网时代。现代购物中心的出现和电子商务的产生,以及商品流通领域的重大变革和现代流通技术,尤其是信息化技术的发展带领流通产业进入了新的发展阶段。数字化技术的运用和政府对流通领域的资金投入和政策扶持,更加侧重于构建流通信息数字化和商品物流数字化的高效流通体系。(董弋萱,2021)流通产业迈入互联网时代的重要特点和重大成就是实现了流通产业点对点的信息交互,即通过互联网平台的运营,流通环节变得更加扁平化,产品交易和关联服务可以实时对接。王挺革(2015)认为,流通3.0时代属于"体式流通"阶段,是一个中介专业化分工明确、期货市场等衍生品市场发展、商品市场分销体系优化的阶段,是一个以渠道为王的阶段。

在2001年中国加入WTO以后,中国流通产业得到了快速发展。中国进一步融入世界，进出口贸易量大幅上升；党的十八大以来，习近平总书记表示应该高度重视流通产业的发展，要求充分利用好国内外两种资源、两个市场，在产业链、供应链、价值链上取得竞争优势；通过加快新旧增长动力转换，共同创造新的需求，引领世界经济发展方向；2003年，为了适应WTO新形势，我国组建商务部，由此形成内外贸一体化的管理体制；2012年，发布《关于深化流通体制改革加快流通产业发展的意见》（以下简称《意见》），之后又发布了加快物流业、运输业、快递业发展及加强供应链创新与应用等许多文件，引导流通产业从数量型向质量型转变，以适应社会主要矛盾变化与满足实现全面小康的需要；2015年，习近平总书记在中央财经领导小组第十一次会议上提出"在适度扩大总需求的同时，着力加强供给侧结构性改革，着力提高供给体系的质量和效率，增强经济持续增长动力，推动我国社会生产力水平实现整体跃升"，后来又强调减少无效和低端供给，扩大有效和中高端供给，增强供给结构对需求变化的适应性，提高全要素生产率。（丁俊发，2019）

(四)流通产业平台化阶段

流通产业发展至流通3.0时代，其商业模式依旧为"生产—流通—消费"的传统模式。在互联网、大数据、云计算等新技术的推动下，以网络化交易、智慧化物流为核心内容的新流通产业正在崛起。因此传统的流通产业必须转型升级，找到与新实体经济相匹配的流通方式，从过去供应链时代转向生态圈时代，在此背景下流通4.0应运而生。

流通4.0的概念由物产集团原董事长王挺革于2015年首次提出。流通4.0时代是与德国工业4.0时代相对应的，是流通企业和供应商、制造商、客户等相关方大融合进行平台化运营，以卖商品向卖服务转变的流通产业发展新阶段，同时与前三个阶段对应，可称为流通产业平台化阶段。（王挺革，2015）流通4.0以互联网、物联网、大数据等现代信息技术为支撑，以消费者驱动为理念，以大型流通企业为核心，以将供应链上的供应商、制造商和消费者等利益相关者紧密相连实现共生共赢为宗旨，以线上线下结合的平台运营为特征，以需求为导向，满足消费者的差异化需求，进而使得流通产业在为供应链上下游客户创造价值的过程中实现自我价值的多元化。"我们物产集团率先提出流通4.0，旨在通过流通4.0明晰流通产业发展方向,凝聚共识力量,促进流通产业商业模式持续转型升级与企业永续健康发展,通过工业 4.0 与流通 4.0 双轮驱动建设现代产业体系。"(王挺革,2015)。

随着信息化相关技术的应用和推广,电子商务在流通领域得到了大力推进。互联网为流通产业搭建了一个无限大的市场,使得供需双方可以跨过实体店在网上直接交易,后来这种形式又延伸到了服务链,通过解决资金结算、物流配送、大数据分析等问题,为流通产业带来了巨大的社会效益和经济效益。(国办发,2005)流通 4.0 的提出是流通产业的重大革命。流通和工业"双 4.0"的协同驱动是数字经济发展常态下中国经济转型升级的必由之路,是在网络智慧化时代国际竞争日益激烈的情况下中国流通产业提升国际竞争力的重要战略选择。

二、流通产业相关理论研究

流通产业是国民经济体系中的重要产业,是关联生产与消费的桥梁性产业,关系到国民经济体系的整体周转效率(田华,2016;芮明杰等,2013),流通产业的发展对经济的发展具有显著的促进作用(曾银娥,2016),同时流通产业的影响力与经济发展水平也呈现出显著的正向关系(杨龙志,2015)。流通产业对我国的经济发展具有很人影响力,是增强我国经济发展新动能的基础性产业。2012 年 8 月,国务院发布了的《意见》首次明确指出"流通产业已经成为国民经济的基础性和先导性产业"。自党的十八大明确了流通产业的功能定位以来,相关政府部门就发布了一系列政策文件支持流通产业的发展。但是,我国流通领域存在的一系列问题已经严重阻碍了流通产业的发展,转变流通产业发展方式已成为共识。学者们从不同角度对转变流通产业的发展方式进行了较为丰富的实证研究。(李丽等,2011;李晓晨,2011;上创利等,2013)

本书借助可视化软件 CiteSpace,对 2002—2022 年中国学者对流通产业的相关研究进行可视化分析,其中借助知识图谱的理论和方法将文献计量化和可视化,以保证对研究进展的跟踪和评估更加全面和直观。

本书关注中国情境下的流通产业,因而以 CNKI 中的核心期刊、CSSCI 数据库作为数据源，以流通产业为研究主题，以"流通产业""产业链""流通效率""商品流通""流通体系""流通模式"等为关键词进行文献检索。最终，从中国知网中检索到有效论文共 1472 篇，利用 CiteSpace 软件进行数据挖掘和内容分析，借此把握我国有关流通产业学术研究的主要内容、前沿热点、演化路径和未来趋势。

　　利用 CiteSpace 软件对 2002—2022 年内的国内期刊进行关键词共现分析，生成关键词聚类如图 2-1 所示，整理得出频次超过 10 次的高频关键词如表 2-1 所示。

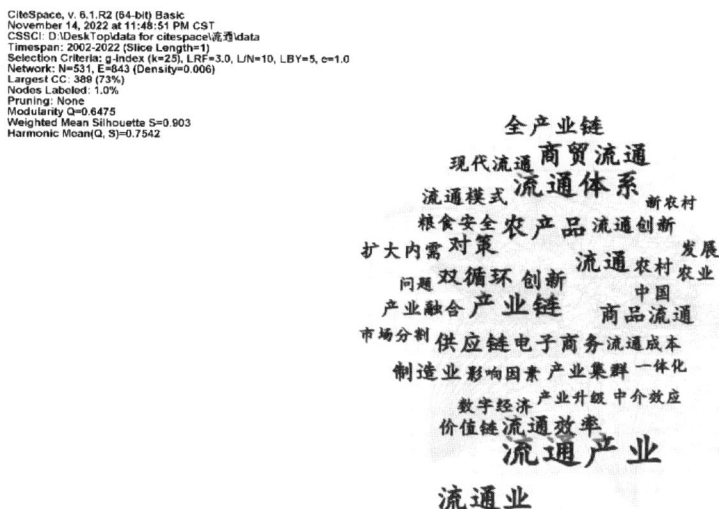

图 2-1　2002—2022 年国内期刊中流通产业研究关键词聚类图

表 2-1　2002—2022 年国内期刊中流通产业研究高频关键词

关键词	频次	中心度	关键词	频次	中心度
流通产业	250	0.62	创新	17	0.04
流通业	79	0.13	电子商务	16	0.02
流通体系	58	0.19	对策	15	0.04
产业链	55	0.16	供应链	14	0.05
农产品	47	0.08	数字经济	12	0.03
流通	40	0.07	产业集群	12	0.01
商贸流通	31	0.10	粮食安全	12	0.02

关键词	频次	中心度	关键词	频次	中心度
全产业链	26	0.03	流通模式	11	0.03
双循环	26	0.06	流通创新	11	0.02
产业融合	25	0.02	流通成本	11	0.01
流通效率	23	0.04	产业升级	10	0.01
人工智能	22	0.00	制造业	10	0.01
商品流通	21	0.03	影响因素	10	0.01
内循环	19	0.00			

基于图 2-1 和表 2-1,结合文献研读,2002—2022 年国内流通产业相关研究的主题可以划分为以下六类。

(一)流通产业体系研究

关于我国现代流通体系有四种不同的说法:一是现代流通体系。2012 年,国务院发布的《意见》提出,要加强现代流通体系建设;2013 年,国务院办公厅发布的《深化流通体制改革加快流通产业发展重点工作部门分工方案》提出,要加强现代流通体系建设;2016 年,商务部等十部门联合发布的《国内贸易流通“十三五”发展规划》提出,要构建现代流通体系,推动从流通大国向流通强国转变;2020 年 9 月 9日,中央财经委员会第八次会议指出,建设现代流通体系对构建新发展格局具有重要意义,国内循环和国际循环都离不开高效的现代流通体系,必须把建设现代流通体系作为构建新发展格局的重要战略任务。二是现代商品流通体系。2012年,国务院办公厅发布《国内贸易发展“十二五”规划》,提出了八大任务,其中之一就是要建立和完善现代商品流通体系,具体包括三个方面的内容:第一,着力建设农产品现代流通体系;第二,积极完善生产资料现代流通体系;第三,加快健全工业消费品流通体系。三是内贸流通体系。2015 年,国务院发布的《关于推进国内贸易流通现代化建设法治化营商环境的意见》提出,“到 2020 年,基本形成规则健全、统一开放、竞争有序、监管有力、畅通高效的内贸流通体系”。这主要包括两方面的内容:第一,健全内贸流通统一开放的发展体系;第二,健全内贸流通规范有序的规制体系。四是现代商贸流通体系,并将它视为现代流通体系的一部分。

2020 年，中央财经委员会第八次会议指出，要建设五大现代商贸流通体系：一要建设现代综合运输体系；二要完善现代商贸流通体系；三要完善社会信用体系；四要强化支付结算等金融基础设施体系；五要加快建立储备充足、反应迅速、抗冲击能力强的应急物流体系。从政府部门对现代流通体系四种不同的说法来看，目前迫切需要一个统一的说法，同时需要对现代流通体系的内涵进行深入研究。

2022 年国家发改委发布的《"十四五"现代流通体系建设规划》指出，现代流通体系是由七大横向流通体系、五大纵向流通体系和六大保障体系构成的一个相互联系、相互作用、共同发展、有机组织的整体。七大横向流通体系包括农产品流通体系、生产资料流通体系、日用工业品流通体系、生活服务流通体系、商务服务流通体系、信息服务流通体系、再生资源流通体系；五大纵向流通体系是指从基础层次到高层次的纵向流通体系，包括流通组织体系、渠道体系、市场体系、管理体系、宏观调控体系；六大保障体系指为流通提供保障的体系，包括财政体系、税收体系、融资体系、保险体系、信息预警体系、国家储备体系。(洪涛，2022)现代流通体系建设涉及十个方面：一是建立与完善以市场机制为核心的流通产业运行机制；二是建立和完善多层次的社会商品需求体系；三是以城市市场为主体，建立双向开拓的商品市场体系；四是建立和完善城乡一体化的商品流通渠道体系；五是完善服务体系，构建宜居环境；六是建立以横向流通为主要形式的商品批发体系；七是构建多元化的物流配送体系；八是建立各有特色的城市商业体系；九是构建多层次、多形式的农村市场体系；十是创新发展，完善业态体系。(黄国雄，2022)流通体系是与供给体系相对的概念，相较于供给体系所承载的价值生产职能，流通体系的关键在于价值实现。构建流通体系是供需匹配和畅通国民经济循环不可逾越的中间环节，流通体系是市场体系的中心枢纽，但对流通体系的界定不必大而全，现代流通体系从功能上可细分为物流体系、批发体系和零售体系三大子体系。祝合良等(2021)认为，从国外现代流通体系发展的趋势和我国的实际情况来看，现代流通体系是指适应现代经济发展需要的流通实体系统和流通制度系统，主要包括三大体系：一是由现代流通主体、流通客体、流通载体和流通方式构成的现代流通运行体系；二是由流通基础设施、流通标准、流通信用、信息监测服务、商品应急储备、市场应急调控等构成的现代流通保障体系；三是由流通管理体制、流通政策、流通法律法规、市场营商环境等构成的现代流通规制体系。现代流通运行体系是现代流通体系的核心,现代流通保障体系和现代流通规制体系是现代流通体系的支撑。纵观世界流通产业的发展,随着科技革命、产业革命和消费革命的不断发生,现代流通体系会相应地发生重大的变革。(王晓东,2022)

随着国内国际环境的深刻变化,流通产业的地位不断提高,我国出台了一系列文件要求发展现代流通产业和加强现代流通体系建设。《意见》第一次提出要加强现代流通体系建设;《国内贸易发展"十二五"规划》提出,要"建立和完善现代商品流通体系";《深化流通体制改革加快流通产业发展重点工作部门分工方案》提出,要加强现代流通体系建设;《关于推进国内贸易流通现代化建设法治化营商环境的意见》提出,"到 2020 年,基本形成规则健全、统一开放、竞争有序、监管有力、畅通高效的内贸流通体系";《国内贸易流通"十三五"发展规划》提出,要"构建现代流通体系,推动从流通大国向流通强国转变";2020 年 9 月 9 日,中央财经委员会第八次会议指出,建设现代流通体系对构建新发展格局具有重要意义,国内循环和国际循环都离不开高效的现代流通体系,必须把建设现代流通体系作为构建新发展格局的重要战略任务;2020 年 12 月,中央经济工作会议提出,加快构建现代流通体系,是打通双循环关键堵点的必然要求;2021 年 2 月,中央全面深化改革委员会第十八次会议再次强调要建设现代流通体系。在我国政府部门高度重视现代流通体系建设的同时,学术界也积极开展相关研究,但目前无论是政府部门还是学术界,对现代流通体系都有着不同的说法和理解。

(二)流通产业链研究

基于产业链整合的视角,从流通观念、流通功能、流通模式等方面对现阶段我国流通产业发展方式转变的路径进行规划,以期实现产业链整体竞争力的提升。(上创利等,2013)依绍华等(2020)指出,在中国经济高质量发展阶段,构建的现代流通产业体系是重要的支撑力量,同时要构建完善的供应链体系,使流通企业在供应链体系中由传统的承接地位向核心地位转变,并以零售企业为主导,推动供应链体系快速发展。零售企业组织上游资源,参与指导生产并与供应商和制造商等上游企业共享信息,让消费者参与研发和售后服务体系构建,实现产业链上下游的信息共享,并按照消费者的需求变化实时调整产业链的生产和配送计划,从而节约成本,提高企业管理效率及供应链企业的组织化程度,进而提高流通产业的运行质量，推动现代流通产业体系的构建。

基于供应链视角的流通产业的高质量发展要求打通生产、流通和消费的各个环节，进而打破贸易壁垒和降低交易成本，改善流通环境。先打通流通内部的小循环，实现流通的一体化，再向全产业链拓展，促进生产和消费与流通的协同高质量发展，实现全产业链的优化，进而畅通国内大循环。批发和零售业是流通产业中核心的、传统的产业，而且在服务业中占据很重要的位置。（司增绰，2015）智慧流通向上游产业延伸，与智慧生产相互联系、相互影响、相互促进，智慧流通与智慧消费又是一个有机整体，从而形成一种产业生态关系。张晋芳（2022）认为，在双循环新发展格局下，要将流通产业头部企业的高质量发展作为关键节点，鼓励和引导中小企业发展，以头部企业反哺中小企业为重要战略，促进产业的现代化建设，实现各类企业的协同发展。

（三）流通产业竞争力研究

流通产业竞争力是一个国家竞争力的重要组成部分，流通产业可持续发展的关键就是在国际竞争的背景下提升竞争力。（纪宝成，2009；2010；吴云贝，2015）目前，我国流通产业中先进技术的应用情况与欧美等发达国家相比仍存在较大差距。（芮明杰等，2013）流通产业竞争力主要体现在三个方面，分别是基于连锁经营的线上线下一体化，基于大数据技术的精准营销及精确、及时、可靠、安全的物流配送体系。（赵萍，2015）学者们从不同角度出发构建了流通产业竞争力评价指标体系，并利用我国区域数据进行了实证研究。（蒋卫华，2016；刘根荣等，2011；付丹丹，2011；孙敬水等，2013）影响流通产业的因素较为复杂且作用机理各有不同，实证结果表明，需求因素仍然是影响我国流通产业的最重要因素。（王晓东等，2016）流通产业只有不断创新才能推动自身从传统的流通产业向现代流通产业转变。（李靖华等，2014；2015）在流通规模扩张导致边际收益减少和数字经济时代消费者个性化特征突出的背景下，传统的流通形式迎来拐点。（俞彤晖等，2020）因此，不得不转变和创新流通产业的发展方式，以满足流通4.0的要求——能够精准而敏捷地捕捉和实现消费者对于商品和服务供应的需求，这样在提高流通运行效率的同时也能够极大地增强企业的竞争优势。

(四)流通产业数字化研究

数字互联网技术的出现让商贸流通活动逐步向智慧化方向转型,流通产业智慧化转型的根本在于激发市场活力、孕育创新模式和形成流通产业竞争力。司增绰(2015)认为,智慧流通主要有四大特征:流通成为最贴近市场和消费者的产业,可以借助技术手段,综合分析市场需求和组织资源配置,主动引导生产、影响消费,让流通产业真正成为经济活动的先导力量;使商业经营理念由"经营商品"向"经营消费者"转变,改变了商家与消费者的传统关系和消费者的消费习惯;拓宽了流通产业的内涵和外延,流通产业通过对大数据的整合、分析和利用,成为组织配置资源和要素的中心,使商流、物流、信息流、资金流"四流"合一,日益呈现平台化、综合化和跨领域特征;流通产业智慧化转型升级,使流通在消费者价值创造中发挥关键作用,成为生产、分销和消费的产业链中关键的一环。

在数字化和智慧化转型的背景下,刘月等(2022)指出,要夯实数字经济发展根基,加快数字经济的发展,充分发挥区块链、移动互联网等数字信息技术的作用,促进流通产业高质量发展。在推动流通产业链数字化转型的举措上,刘月等(2022)认为,要加强对起示范作用的链主企业的培育,链主企业的引导作用可以把新型的数字化交易形式拓展至产业链的上下游,从而带动流通产业链的整体数字化转型升级。赵娴等(2021)认为,流通产业数字化发展的价值体现在整合性、精准性和安全性上。整合性指流通产业链中的利益相关者在数字信息技术的支撑下经历了全面解构与整体重组,有效提高了资源利用效率;精准性即实现了精准化、差异化的流通服务,满足了消费者多样化的需求;安全性即保证信息数据的安全。人工智能所拥有的系统效能是流通产业实现智能运营、智能顾客管理和智能供应链管理的重要推力,可以帮助流通产业全方位提升运营效率。人工智能等数字技术是新时代流通产业实现"新零售"转型的核心支撑和重要手段。(王砚羽等,2019)

(五)流通产业治理研究

在探讨如何更好地转变流通产业发展方式的同时,学者们也对现有流通产业的规范化发展及治理结构进行了探讨。促进流通产业的健康发展可以从多方面着手,如完善流通法律制度和利用大数据技术进行监测和预警等,此时治理取代管理已成为共识。(王锦良,2015)何大安(2012;2014)在充分研究中国流通产业市场组织结构的基础上,提出了要改变流通市场组织结构中的低效现象,就必须重塑流通市场的治理结构;同时还指出,流通产业治理的特点是相对于第一和第二产业来讲的,这些特点形成的渊源在于流通产业中产品和服务经营的特殊规定,这些特点形成的市场运行机理在于充分竞争的市场环境。流通产业的市场治理会形成不同于其他产业的市场结构,这个市场结构处于不断的变化之中。

自 21 世纪中国流通领域的复杂契约联结方式出现后,便在悄然改变市场治理结构的同时,也在改变着公司治理结构,而公司治理结构的变化会进一步重塑市场治理结构。

流通产业已初步显露出市场治理结构与公司治理结构相融合的态势。公司治理结构作为一项微观经济层面上的制度安排,包含内部制衡和外部约束两大基本内容。在流通领域,尽管政府干预的范围小且程度低,但政府干预仍然会同市场调节相冲突。这种冲突使价格机制难以准确反映供求关系,使契约的制订和执行过程中容易出现机会主义行为和道德风险,使市场治理结构不能真正维持经济环境的充分竞争。

基于流通产业的治理目标,对我国市场治理结构模式的评价依据以下三条原则:一是产业现实性;二是产业特点性;三是有效竞争性,其也是评价流通产业市场治理结构的核心。另外,市场竞争能够促进企业发展活力的增强,从而促使企业取得较高的经济效益。所以,在市场治理结构的优化中必须以有效竞争为核心,再进行市场治理结构模式的目标衡量。流通企业必须不断提高自身生产效率,从而提高核心竞争力,以便长久地、健康地存在于市场之中。

(六)协同治理研究

以往,我国流通市场规范化程度较低,竞争秩序较混乱,监管难度较大,单独依靠政府很难有效解决流通产业的治理问题,行业协同治理为流通市场的有效治理提供了可行性思路。公共治理理论突破了政府单一解决公共问题的局限,强调政府与各种社会组织的合作治理。(James,1992)在网络技术与信息技术的支持下,政府、民间组织、企业、公民个人等社会多元个体相互协调,合作治理社会公共事务,以追求最大化的治理效能,最终达到最大限度地维护和增进公共利益之目的。(刘飞等,2013;何水,2008;刘伟忠,2012)其中既涉及具有法律约束力的正式制度和规则,也涉及各种促成协商与和解的非正式制度安排。(何水,2008;刘伟忠,2012)要达至对公共问题的协同治理,必须进行制度创新,具体包括完善协同治理的法规制度和优化协同治理的权责体系等。(张立荣等,2008)

协同理论一经提出,便引起了众多管理学研究人员的兴趣,使得协同管理理论得到了迅速的发展和丰富。协同的魅力在于可以产生协同效应,即通常所说的"1+1>2"。但是,协同效应是一个可正可负的概念,即协同所带来的效应既可能是正的也可能是负的,并不是简单的"1+1>2"的正单边效应。因此,很多学者致力于进行正协同效应的机制研究。例如:潘开灵等(2011)在提出管理协同含义的基础上,提出了管理协同机制的过程模型,并将管理协同的构造机制分为形成机制和实现机制,同时给出了形成机制中评估机制和利益机制的定义与机理,对实现机制中的协同机会识别机制,协同价值预先评估、整合、支配等机制进行了阐述;赵昌平(2004)等讨论了战略联盟协同的内在机理,并在对协同机理进行分析的基础上,讨论了联盟伙伴决策者对联盟战略选择的偏好问题,用数学模型分析了众多联盟伙伴的战略选择与形成联盟结构的过程,并对其中的一些影响因素进行了讨论;王谦等(2003)等基于并购企业双方的战略协同与资源协同这两个不同角度对并购能否建立起协同机制进行了分析,为企业成功实施并购战略提供了参考依据;黄席樾等(2002)等从系统论的角度捃出了一种在人与机器之间建立以Agent为中间体的人机协同机制,从而实现人与机器之间的柔性化信息交互,并分析了在这一人机协同机制下人与机器各自作用的变化;张翠华等(2006)等研究了非对称信息下生产商与供应商之间的协同机制,提出了由订货量、惩罚成本和奖金三种激励方式相结合构成的协同机制。

协同管理是指基于所面临的复合系统的结构功能特征,运用协同学原理,根据实现可持续发展的期望目标对系统进行有效管理,以实现系统协调并产生"协同效应"。(王君华,2006)陈剑辉(2005)对基于多智能代理决策系统的建设项目的协同管理问题进行了研究。Hardwick(1997)、刘翔(2006)等提出了智能协同管理模式。所谓智能协同管理模式,是指依据客观事物普遍存在的因果性、对称性及矛盾性等,研究其协同链在动态多变、相互约束及相互促进的管理环境下,如何将企业外部资源和内部资源协同集成,辅助企业内部各个不断变动的环节对资源进行分配,并将企业的总目标与各个相互依赖环节的目标协调起来,体现企业经营的对称协调、均衡发展。余力等(2006)将信息科学领域的协同过滤算法思想引用到管理科学中,通过建立协同管理机制,充分发挥管理系统内各元素的相互作用。任金玉等(2005)等分析了供应链协同管理与传统供应链管理的差别,总结了供应链协同的具体形式,并根据现有的供应链协同管理研究对其层次结构进行了划分。供应链协同管理就是针对供应链网络内各职能成员的合作所进行的管理。吴鹏等(2005)对知识管理系统中协同工作的模式、框架进行了分析与探讨,提出了智力协同框架模型,并分析了智力协同框架下智力资产的类型和作用,以及智力载体的类型。刘明周等(2005)在指出传统企业员工招聘模式存在的不足的基础上,提出了基于协同管理模式的企业员工招聘模式,以实现企业员工招聘过程的快速化、集成化和有效化。

三、双循环背景下我国流通产业研究

(一)流通产业的主导作用

习近平总书记在党的十九大报告中强调,要以推进国家治理体系和治理能力现代化为全面深化改革的总目标,实现社会主义现代化是坚持和发展中国特色社会主义的重要任务。要坚持和贯彻新发展理念,完善中国特色社会主义基本经济制度,建设现代化经济体系,使市场充分发挥在资源配置中的决定性作用。报告中还提到要建设现代供应链,培育新增长点和新动能,加强物流、信息、水利等基础设施的网络建设,为深化供给侧结构性改革、建设现代化经济体系提供助力。

国务院办公厅于2019年发布了《关于加快发展流通促进商业消费的意见》,从中可以看出,党中央和国务院高度重视发展流通产业以扩大消费,提出要顺应商业变革和消费升级的趋势,鼓励运用大数据和移动互联网等现代信息技术促进流通新平台、新业态、新模式的发展;推动传统流通产业转型升级,支持线下经营实体加快改造升级,向综合性、互动性和体验性更强的商业综合体转型。此外,扩展出口产品的内销渠道、满足优质国外商品的消费需求等建议的提出将流通与壮大国内市场、推进供给侧结构性改革等重大问题相联系,统筹指导流通产业的发展。(王晓东等,2020)

近年来,世界格局发生了深刻变化。西方国家日益激烈的逆全球化思潮与举措阻碍了全球贸易和投资自由化的发展,对世界经济增长造成了消极影响,全球新冠疫情的暴发更是对世界,对我国的政治、经济和社会带来了巨大冲击。双循环新发展格局是中央根据国际环境变化和国内经济发展转型做出的重大科学论断和主动战略决策。(蒙天成等,2021)随后,在中央财经委员会第八次会议上,习近平总书记指出,要构建安全畅通的双循环新发展格局,必须统筹推进高质量的现代流通体系建设,必须把建设现代流通体系作为构建新发展格局的重要战略任务。在抗击新冠疫情及后疫情时期我国经济恢复的过程中,流通产业发挥了重要作用。但从整体上讲,我国流通体系现代化程度仍然不高,存在一定的短板和堵点,因而推进现代流通体系的建设和高质量发展要贯彻新发展理念,深化供给侧结构性改革,充分发挥市场在资源配置中的决定性作用,更好地发挥政府作用,统筹推进现代流通体系硬件和软件建设,发展流通新技术、新业态、新模式,完善流通领域制度规范和标准,培育并壮大具有国际竞争力的现代物流企业,为构建以国内大循环为主体、国内国际双循环相互促进的新发展格局提供有力支撑。

为应对外部环境变化带来的风险与挑战,"十四五"规划强调在双循环新发展格局下,要依托和有效利用强大的国内市场,贯通生产、分配、流通、消费各环节,破除妨碍生产要素市场化配置和商品服务流通的体制机制障碍,以供给侧结构性改革为主线,达到需求牵引供给、供给创造需求的更高水平的动态平衡。(何德旭等,2021)国家发改委于2022年1月出台的《"十四五"现代流通体系建设规划》(以下简称《规划》)指出,我国流通体系建设在"十四五"时期开启了新篇章。在我国经济社会向高质量发展的阶段,供给侧结构性改革不断深化,为满足人民日益增长的美好生活需要,就需要现代流通产业进行更高效率的供需衔接。高效的流通体系能够在更大范围内把生产和消费联系起来,实现生产、流通、消费三方面的融会贯通,进而扩大交易范围,提高生产效率,促进财富创造。《规划》中还强调,要加快建设系统完备、创新引领、协同高效的现代流通体系,着力优化流通网络,完善流通市场,做强流通企业,推动商贸、物流、交通、金融、信用等领域的有机衔接。

2022 年 10 月 16 日上午 10 时,中国共产党第二十次全国代表大会在北京人民大会堂开幕,习近平代表第十九届中央委员会向大会做了题为"高举中国特色社会主义伟大旗帜,为全面建设社会主义现代化国家而团结奋斗"的报告。习近平总书记指出:加快构建新发展格局、着力推动高质量发展是全面建设社会主义现代化国家的首要任务;坚持以推动高质量发展为主题,加强发展是兴国第一要务的认识,增强国内大循环内生动力和可靠性,提升国际循环质量和水平,加快建设现代化经济体系,着力提高全要素生产率,着力提升产业链和供应链的韧性和安全水平,建设现代化的产业体系。报告中还指出,实体经济是经济发展的着力点,要推进新型工业化,推动制造业智能化、绿色化发展,也要构建新一代信息技术增长引擎,促进数字经济和实体经济深度融合,打造具有国际竞争力的数字产业集群。报告中还强调,要"加快发展物联网,建设高效畅通的流通体系,降低物流成本",从而构建现代化的基础设施体系。

党中央的多次重大会议强调,中国经济要转向高质量发展。因此,在双循环新发展格局背景下和高质量发展要求下,研究"十四五"时期现代流通产业如何实现高质量发展具有重要的现实意义。现代流通产业作为我国国民经济发展的先导性、基础性产业(祝合良等,2021),双循环新发展格局和"中国式现代化"的提出,无疑对现代流通产业的发展和变革提出了更高的要求,也为我国现代流通产业的建设指明了方向。在双循环新发展格局背景下和高质量发展要求下,在全球经济贸易不稳定性和不确定性加剧的环境下,流通产业在流通 4.0 的基础上迈入了更新、更高质量、更安全的新时期,即流通 5.0 正在向我们走来。

(二)流通产业的定位

双循环新发展格局与我国过往发展格局具有显著的差异。以国内大循环为主体,并不意味着我国要放弃国外市场,放弃与国外产业的联动发展。事实上,双循环新发展格局的形成正是我国全方位改革开放、深化供给侧结构性改革,进而实现高质量发展的内在要求。从这个角度上说,双循环新发展格局使我国流通产业发展的目标要求及其功能定位出现了新的变化。

现代流通产业是国内国际双循环有效衔接的重要桥梁。在现实经济实践中,特定国家既存在着国内的循环体系,同时存在着与全球经济相互结合的国际循环体系。尤其是近年来随着经济全球化的不断发展,世界各国之间的经济联系日益紧密,国际产业链和供应链的不断完善使得全球经济形成了较为完整的国际循环格局。从目前国际供应链和产业链发展的现状来看,健全的商贸流通体系、完善的流通网络体系是强化供应链和产业链发展的重要基础和前提条件,国际流通体系的发展也成为经济全球化的重要推动力量。当前,为应对百年未有之大变局,我国提出了"以国内大循环为主体、国内国际双循环相互促进的新发展格局"重大战略。这就使得我国现代流通产业的地位更加高。正如本书前文所述,构建双循环新发展格局并不意味着我国要放弃国外市场,放弃与国外产业链合作,而是要进一步构建全方位开放新格局,强化国际国内产业链和供应链的结合。这就意味着,建设高质量的现代流通产业不仅是我国双循环新发展格局的必要支撑,也是国内国际双循环相互促进的必然要求。是否能够有效推动国内和国际市场体系的融合,是否能够实现国内产业和国际产业的深度接轨,很大程度上取决于我国现代流通产业的发展水平和建设程度。

现代流通产业是构建国内大循环的重要基础。我国双循环新发展格局的演进具有鲜明的独特性。从我国经济发展进程上看,在中华人民共和国成立之后至改革开放之前,基于国际环境的复杂及对经济规律的认识,我国选择了自力更生的发展道路。在这种发展道路下,我国构建了较为完整的国内循环格局,形成了包含生产、分配、交换和消费的大循环体系。然而随着国际形势的变化及社会发展的实践需要,我国在抓住了有利时机的情况下,展开了史无前例的改革开放事业。我国经济也迅速融入了世界经济体系,在全球产业链和供应链中取得了重要成就。四十多年的改革进程使得我国在全球经济的国际大循环中占据了重要地位。然而,当前保守主义、民粹主义抬头,逆全球化趋势日益严重,全球产业链和供应链受到了较大的冲击,单纯依赖国际循环体系必然会给我国经济发展带来巨大的风险和挑战。无论是从规模上看,还是从结构上看,中国的国内大循环已经成为全球大循环的重要组成部分。从这个角度上说,如何高质量完成规模巨大、结构复杂、动态多变的国内供需匹配和资源分配任务,不仅是习近平新时代中国特色社会主义经济体系建设的内在要求,同时是国际大循环建设的客观需求。

发展流通产业是扫清国内大循环梗阻的重要手段。构建以国内循环为主体,国内国际双循环相互促进的新发展格局,关键在于构建适应习近平新时代中国特色社会主义经济体系的现代物流产业。无论是基于国内市场需求的国内大循环，还是基于国际国内市场相互融合的双循环，本质要求都是商流、物流、信息流、要素流、知识流等要素禀赋的高效率流通，从而保障产业链、供应链、服务链、价值链等链条的完整和运行。目前，我国正处于高质量发展新阶段，在此过程中，我国经济结构不够优化、关键领域能力和关键技术储备不足，甚至一些关键技术和中间产品仍然严重依赖国外供给。这种情况制约了我国经济的进一步发展，逐渐成为制约我国经济发展的瓶颈。在国民经济运行中，经济结构的失衡及关键行业的滞后，往往会直接反映在循环过程中。一般而言，循环往往在经济结构失衡之处或者是缺乏关键行业支撑的领域受阻。从这个角度上说，进一步建设顺畅的现代物流产业，不仅是国内大循环格局的重要支撑，同时也将进一步推进国内经济结构的不断调整与优化。

四、文献评述

互联网经济发展的重要特征之一是，立足信息技术改变了传统单边的社会交互形式，通过多边的平台型组织不断拓宽组织的边界，进而形成新的利益相关者格局，而主体之间因激励不相容所形成的冲突成为亟待解决的关键问题。与此同时，通过设计激励约束机制协调利益相关者间关系的治理理论从经典的公司治理领域不断发展和创新，研究对象从公司向其他社会组织拓展，而且越来越关注网络经济下围绕产业价值链及网络化结构的主体协同治理问题。流通产业就是治理理论持续关注的重点行业。

互联网所带来的技术创新在改变社会结构、提升整体效率的同时，也对流通产业的利益相关者产生了影响，特别是立足信息技术形成的平台型企业在流通产业中占据更为核心的位置，加之网络平台组织基于多边运行机制，使企业之间的竞争与合作格局更为复杂，相互之间的协同治理问题就成为组织运行面临的新问题，与此对应产生的"物流爆仓""信用危机""平台舞弊"等问题都是传统流通产业不曾面临的新问题。因此如何构建实现现有流通产业的利益相关者激励兼容的治理机制成为亟待解决的关键问题。

虽然双循环新发展格局是我国新近提出的重大战略部署,但是国内学者已经围绕流通产业与双循环新发展格局的内在关系进行了丰富的研究。但从现有研究成果上看,关于流通产业对双循环新发展格局的主导作用仍然没有完全厘清,多数研究仍以解读为主,对如何完全破题,即如何构建适应双循环新发展格局的现代流通产业体系,尚没有达成共识。

那么,定位于双循环的背景下,协同推进国家流通体制改革与流通领域供给侧结构性改革,构建流通产业价值链之间、产业内部企业之间、行业组织及流通企业内部组织之间的治理格局新秩序,对于促进"互联网＋流通"战略的有效推进,缓解产业格局下的治理冲突,推动流通产业转型升级,提升流通产业组织竞争力具有重要意义。

第3章　双循环视域下流通产业协同治理体系构建研究

2020年7月,中共中央政治局会议提出,要加快形成以国内大循环为主体、国内国际双循环相互促进的新发展格局。(柴秋星,2021)为尽快实现双循环新发展格局,各方都需要参与进来,在党中央的指挥下通力协作、合力建设,发挥我国集中力量办大事的优势,使得各行各业的人力、物力、财力等资源能够以更高的效率进行流通配置,形成一个全面高效的布局网络,促进双循环新发展格局下不同产业的转型升级与协同创新,并通过多方的协作,争取实现产业内的商流、物流、信息流、资金流和技术流相集聚。而目前流通产业的现实情况是,各要素资源如人力、技术、资本等的流通受限,无法达到双循环新发展格局下的流通效率与配置要求,因此要解决流通产业目前的困境与难题,需要基于协同治理的视角,建立双循环视域下流通产业协同治理体系,让流通产业摆脱困境,向现代流通产业转型升级。

一、双循环视域下流通产业协同治理主体分析

在以国内大循环为主体、国内国际双循环相互促进的新发展格局下,流通产

业要跳出原来的模式,各治理主体如政府、企业、消费者、供应商等应协同创新,共同治理,共同构建双循环背景下流通产业协同治理体系。

(一)流通产业协同治理的概念

分析流通产业协同治理必须先厘清其概念,但目前学术界对"流通产业协同治理"并没有一致的定义,对此我们试图通过概念解释来逐步确定其内容。

1. 流通产业

流通产业是以商业为核心,由商贸物流业、金融业、信息业和生活服务业互相支撑的产业形态,是商品市场、要素市场、服务市场的总和,是货物贸易、服务贸易、知识产权贸易的总和,是生产性与生活性双发展重合的服务产业。(常晓然等,2015)有学者认为,流通产业是一个具有自身特点且相对独立的产业板块,主要是向消费者提供商品和服务,它与第一或第二产业之间的交易,通常发生在产品物流、存储和批发等方面。(陈浩东等,2022)而在新发展格局下,流通产业与其他产业交互相融,其边界开始变得模糊。科学技术的不断进步和新时代下人民需求的变化,赋予了流通产业新定义,现代流通产业体系被认为是由现代智慧农业、现代高端制造业、现代金融服务业、现代信息服务业、现代租赁产业等业态构成的体系。(程艳,2019)双循环下流通产业的构建及定义更是需要兼顾国内外因素和现实情况。我们遵从对流通产业的已有研究,认为目前现实情况下对流通产业的定义应该遵从现代流通产业的说法,现代流通产业涵盖了所有涉及流通环节的企业。

2. 协同治理

协同概念由德国物理学家赫尔曼·哈肯(Hermann Haken)在 1971 年首次提出。协同学理论创始人赫尔曼·哈肯(2006)认为,协同是系统要素或子系统之间相互作用和配合,在多维度上形成的一定程度上的自组织结构。把协同论用到治理方面,就形成了协同治理这个概念。协同治理(Collaborative Governance)这一概念源于西方(丁俊发,2019),许多西方学者和组织依据不同视角对其含义进行了解释。

爱德华·弗里曼(Edward Freeman)(1997)认为,协同治理是以解决问题为导向,由利益相关者参与并共同承担责任的实践。安塞尔等(Ansell et al.,2008)认为,协同治理是一个或多个公共机构直接与利益相关的非政府组织进行集体决策的一种治理安排。爱默生(Emerson,2012)等认为,协同治理就是将政府、私营部门和民间社会组织等各种利益相关者汇集在一起并促使它们有效合作。可以看出,国外学者尽管对协同治理的定义不同,但总体来说围绕两个关键词,一是利益相关者,二是共同,这体现了协同治理的主体和方式。

同样地,随着众多国内学者对协同治理概念的持续关注,慢慢形成了中国情境下的协同治理概念。从系统观来看,郑巧等(2008)指出,协同治理是政府、非政府组织、企业、公民个人等子系统构成的开放的整体系统,系统中各要素相互协调,形成系统内部可持续运作的结构和环境。从协同学原理来看,徐嫣等(2016)认为,协同治理是一个互动、协调的过程,它强调治理主体的多元性、系统的动态性、自组织的协调性和社会秩序的稳定性。此时的协同治理已经开始重视多元治理主体的作用。从理论交叉角度看,徐瑶(2020)认为,协同治理理论是一门新兴的交叉性理论,是吸纳自然科学领域的协同论和社会科学领域的治理理论的耦合产物。从主体多元性来看,彭国强等(2019)认为,协同治理强调关联共生,注重发挥多元主体的协同联动和资源的优势共享。从问题解决方面来看,王志瑞等(2022)认为,协同治理是基于传统纵向处理问题模式的创新性发展,通过整合各方面的资源,汇集各方优势,达成协调统一的治理合力,有利于快速地、有效地实现治理目标。梳理已有的文献发现,协同治理蕴含了治理目标、治理主体、治理条件、治理对象、治理机制等方面的内容,为系统分析协同治理的内部结构关系与过程开展提供了理论借鉴。(丁俊发,2019)可以看出,协同治理不仅仅局限于纵向的自上而下的治理,已经发展成多方位、多线条的全面治理。在双循环新发展格局下,多方治理主体要共建协同治理体系,并在这一体系中逐渐通过角色的嬗变形成相互协同的关系架构,并依托资源的整合配置、利益的联结分配及持续的过程监管不断重塑和优化协同治理体系。(丁俊发,2019)

3. 流通产业协同治理

综上,我们认为双循环新发展格局下流通产业协同治理即在现代流通产业体系中,各治理主体针对多种流通要素进行协调、利用、配置的互动治理过程。流通产业通过协同治理可以有效预防产业安全风险,缓解产业格局下的治理冲突,加深流通产业组织化程度,推动流通产业转型升级,增强流通产业组织竞争力,为国家流通体系改革与供给侧结构性改革的协同推进提供理论支撑和对策建议。

(二)流通产业协同治理的主体及内容

在双循环新发展格局下,第一需要明确流通产业协同治理的重要性,第二要厘清流通产业协同治理的主体及其内容,以此来把握流通产业协同治理的具体实施过程。

1. 双循环视域下流通产业协同治理的重要性

在推动形成以国内大循环为主体、国内国际双循环相互促进的新发展格局中,需要重点推进流通产业体系建设、流通产业制度环境建设及流通产业协同治理等,这把现代流通产业提升到一个战略的高度。(董弋萱,2021)其实早在2001年,党中央、国务院就提出要发挥现代流通产业在社会主义市场经济中的重要作用。此后,流通产业在经济发展中越来越受到重视,国家紧紧围绕建设现代流通产业与现代流通体系进行制度安排。通过近十年的发展,在2012年8月国务院发布的《意见》中第一次提出要加强现代流通体系建设,提出大力发展第三方物流,促进企业内部物流社会化,支持流通企业建设现代物流中心。(常晓然等,2015)同年,国务院首次提出流通产业是先导性和基础性产业(付丹丹,2011),在经济发展中具有重要的战略地位,并出台文件强调了流通产业的先导性和基础性产业地位,把流通产业从"后台保障"地位拉到"打头阵"的地位。2014年,国务院办公厅发布文件再次强调流通产业的先导性和基础性作用。流通产业的先导性体现在流通是经济运行的"先行官"(常晓然等,2015),流通产业扼守经济发展的要道,是经济增长的关键性产业。流通产业的基础性体现在流通能为其他企业提供所需的资源、要素与服务。流通产业的战略性地位,主要体现在2020年中央财经委员会第八次会议上习近平提出把建设高效现代流通体系作为我们的战略任务。2021年2月,中央全面深化改革委员会会议再次强调,要建设现代流通体系,提出争取到2025年,全面建成规制有方、保障有力、畅通高效的现代流通体系,为中国经济高质量发展和双循环新发展格局形成提供强大支撑,为促进新流通、赋能新制造和满足新型消费提供强大动能(韩耀等,2006),为农业、制造业及其他服务业提供支撑作用。因此,在我国新发展格局下,作为经济社会发展中的重要产业,流通产业因势变革必然会在我国构建双循环新发展格局中起到至关重要的作用(何大安,2014);同时,要实现国内大规模市场供应与需求之间的高效对接及推动中国产品辐射国内市场和国际市场,都需要依靠流通产业协同治理的高效运行(何大安,2012)。

而双循环视域下流通产业协同治理体系的构建,究其根本,还是因为我国流通市场规范化程度较低,竞争秩序较混乱,监管难度较大,单独依靠政府治理很难有效解决流通产业的治理问题,行业协同治理为流通市场的有效治理提供了可行性思路。因此双循环应以产业升级为先导,以促进消费升级为目标,在供给侧和需求侧两端同步开启内循环的自我强化,并最终以内循环重塑外循环。(何德旭,2021)同时要明确构建协同治理体系的各个主体,通过激励约束机制设计协调利益相关者主体的关系。

2. 双循环视域下流通产业协同治理的主体及其内容

双循环背景下,流通产业协同治理主体包括政府、流通核心企业、消费者、厂商、金融机构、第三方物流、媒体和非营利性组织等。但我们认为最重要的三个主体是政府、流通核心企业和第三方物流。

首先,政府应发挥带动作用。现代流通体系是以政府调控为引导力、技术创新为驱动力、市场改革为拉动力的新体系(程艳,2019),政府在流通产业协同治理中发挥带头作用。在双循环新发展格局多方联动下,政府的带头作用主要体现在八个方面。一是推进流通产业集群化发展,引领流通产业进行多渠道整合,促进要素在流通产业集群内有效传递。(何水,2008)二是出台有关现代流通体系的政策文件,促进现代流通产业规模持续扩大,从人才培养、推动流通基建、搭建流通产业平台等多方面支持现代流通体系发展,初步形成我国现代流通产业发展框架体系,为新发展格局的构建提供基础保障。(程艳,2019)三是加强基础设施建设,为流通产业集群化发展打造良好的硬件设施。(何水,2008)四是加快职能转变、重视流通体系立法建设、实施技术创新驱动战略、提升流通产业现代化水平等,以期助力构建以国内大循环为主体的新发展格局。(付丹丹,2011)五是推动生产消费协同并促进形成更高水平的生产与消费的双向循环,引导资金投向供需共同受益、具有乘数效应的先进制造、民生建设、基础设施短板等领域。(何德旭等,2021)六是引导国内生产企业生产内销国货精品,支持企业增强研发设计能力,助力企业提升国货精品品质,同时引导企业严格对标国际标准生产内销产品,满足内需。(付丹丹,2011)七是在国内大循环基础上,畅通国内国际双循环,国家应以国内市场需求为引领,制定基于国际竞争的商贸流通业中长期发展规划。八是完善服务支持政策体系,在财政、税收、外汇、信贷、信息服务、技术援助等方面,对企业境外投资提供全方位服务,减少企业后顾之忧,提高"走出去"质量。(付丹丹,2011)

其次,流通核心企业应发挥根植性优势,借助本地优势,增强创新能力,奠定流通产业集群化发展根基。(何水,2008)快速发展的流通行业和快速扩张的经济规模为中国培育了一大批实力强大的流通企业。目前,中国流通企业已呈现出从以前的散、小、弱向大型化、网络化转型的趋势,越来越多曾经以运输、仓储等单一业务为主的物流企业开始向综合服务型企业转型,综合实力和服务能力都在不断提升。(黄国雄,2005)在双循环背景下,在高质量发展过程中,企业要利用第四次科技革命的契机,如利用物联网、云计算、大数据、人工智能等新兴技术,加快流通产业与科技的融合,大力发展现代流通技术,通过提高企业的技术水平来提高企业流通的质量与效率,同时通过市场化竞争和现代科技手段的应用,降低制造业企业生产成本之外的流通成本(董弓萱,2021),增强企业的竞争力。通过激烈的竞争,倒逼流通企业为扩大市场竞争力而进行产品升级与创新,提高企业快速反应能力,为消费者提供更多个性化、多样化的商品,改善居民消费结构,凸显居民消费分层特征,畅通国内产业循环。(付丹丹,2011;何水,2008;纪宝成,2010)基于此,构建新型产业链,打造消费主导的产销体系,将成为双循环下流通企业的新任务。(付丹丹,2011)同时,我国流通企业要转变思维,要敢于"走出去"(韩耀等,2006),即流通产业在积极引进来的同时,要深入拓展国际市场,开展国际化经营。以跨境电商平台为载体,建立海外分销中心,形成若干具有国际竞争力的现代供应链企业,进行全球供应链布局,推动国内企业和国产商品走向海外市场。有条件的现代流通企业通过跨国并购、股权投资和战略联盟等形式,向境外拓展流通服务网络,打造一批赋能"中国制造"的海外公共营销服务平台,推动"中国制造"品牌进入国外零售终端。(常晓然等,2015)同时,在国外设立采购中心,与国内市场有效对接,更好地满足国内居民消费升级需求。(付丹丹,2011;韩耀等,2006)此外,要给予中小企业足够的关注,而不是仅仅考虑到头部企业或大企业。双循环新发展格局下,若想实现流通产业协同治理,需促进流通产业中头部企业与中小企业协同发展。具体而言,一是将头部企业高质量发展作为价值链协同的关键节点,鼓励与引导中部企业加大研发力度,提高关键零部件等中间产品的自给率,实现头部企业反哺中小企业。(柴秋星,2021)二是要走"专精特新"和与大企业协作配套发展之路,以提高我国产业链和供应链的安全稳定性,减缓国际环境不确定性造成的冲击。(韩耀等,2006)三是注重保护中小流通企业生存和发展空间,向中小流通企业提供资金、技术、管理等方面的援助,帮助中小流通企业在税收减免、获取贷款等方面获得均等机会,推动中小流通企业健康发展。(何德旭等,2021)

最后,第三方物流在流通产业协同治理体系构建时,应推动物流企业的转型升级。现代物流企业是现代流通体系的治理主体之一,在高质量发展、新发展格局下要求加强不同规模、类型的物流企业建设,培育一批具有国际竞争力的现代物流企业。(韩耀等,2006)在推动培育具有全球竞争力和影响力的现代物流企业过程中,物流企业要强化供应链整合能力,加速提升自己的竞争力,以企业为主体推动运输网络布局,以信息化、智能化技术为支撑,提升物流企业效率。(董弋萱,2021)要求加快传统物流企业信息化转型升级,提高专业水平及综合服务能力,为制造业提供供应链计划、采购物流、入厂物流、交付物流、回收物流、信息追溯等专业化集成服务(董弋萱,2021);以骨干物流企业为基础构建双循环全球物流网络、增强双循环流通体系供应链体系的信息技术运用等措施,更好适应双循环新发展格局下的需求(纪宝成,2009)。通过优化和完善国内物流企业发展扶持政策,加快传统运输型、仓储型物流企业向上下游延伸服务,实现转型,以技术水平先进、主营业务突出、核心竞争力强的大型物流企业为引领,带动中小物流企业共同发展,提升物流企业规模化水平。(董弋萱,2021)

总之,在双循环视域下,在发展壮大流通产业的过程中,要推动流通主体建设,不断推动流通企业的发展壮大,激发企业活力,推动行业规模化。这就要提高供给与需求之间的匹配度和适应性,以市场需求来引导生产供给向高质量发展,支撑新业态、新模式、新经济、新型消费,以满足人民的需要。(董弋萱,2021)

二、双循环视域下流通产业协同治理运行机理分析

(一)流通产业协同治理的构成

为了进一步理解双循环视域下流通产业协同治理如何运行,我们确定了协同治理目标、协同治理主体、协同治理条件、协同治理机制四个要素,具体关系如图3-1所示,其中以协同治理目标为最终目的,以协同治理主体为运作主体,以协同治理条件为资源约束,以协同治理机制为核心内容,四个要素只有相互联系、彼此结合,才能更好地实现双循环视域下流通产业协同治理。

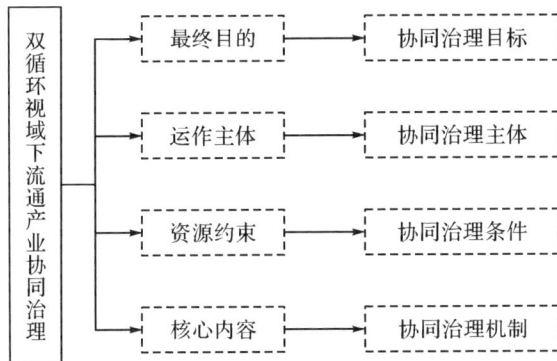

图3-1 流通产业协同治理的构成

1.流通产业协同治理目标

流通产业协同治理目标是流通产业整体目标和各个治理主体目标的集合,是双循环背景下流通产业协同治理要实现的最终目的。流通产业整体目标概括起来就是推动流通产业持久繁荣兴盛,为国民经济和社会发展注入一针强心剂。具体来说,就是要提高流通产业资源配置的整体效率,降低流通过程中的各种成本,形成流通产业经济效益,促进现代流通产业发展壮大。而各个治理主体目标包括政府、流通核心企业、消费者、厂商、金融机构、第三方物流、媒体和非营利性组织等的各自目标,如政府的治理目标就是畅通流通产业发展,通过流通产业打通国家经济活力,实现国家和社会的向前发展,为我国早日建成社会主义现代化强国

打通道路;再如流通核心企业的治理目标是通过协同治理为自己谋利谋发展,让自己变大变强。各个治理主体的目标整合起来无非就是实现产业内资源共享,帮助自己获取协同治理红利中的一部分应得利益。流通产业协同治理目标可以为治理体系的构建提供方向,为国家、企业、消费者等各个利益相关者提供准确的指引。

2. 流通产业协同治理主体

流通产业协同治理主体是协同治理的关键要素和关键行动者,是协同治理运作的主体。治理目标从治理主体的需求而来,治理条件根据治理主体来调整,治理机制也是围绕着治理主体来构建的。治理主体间既有合作又有竞争,竞合互补推动运作主体共同前进。治理主体主要包括政府、流通核心企业、消费者、厂商、金融机构、第三方物流、媒体和非营利性组织等。政府是规则制定者和政策引导者,流通核心企业是中坚力量,消费者和其他利益相关者是监督者、合作者。流通产业协同治理主体在上文已分析过,下文还会继续就主体间的运行机理进行分析,这里就不再赘述。

3. 流通产业协同治理条件

流通产业协同治理条件是协同治理的必要前提,它包括协同治理环境、协同治理成本、协同治理空间、协同治理能力等。协同治理条件是以资源约束为基础的,资源约束使得各个治理主体不能无限制地根据自己所想进行日常的运作活动,而要考虑资源的可得性、使用资源的成本、使用资源的代价、资源的可替代性等约束条件。具体来说,包括土地、劳动力、资本、企业家才能等传统生产要素,还包括技术、信息、数据等新兴资源。这些都限制了治理主体的行为,让治理主体在决策和行动前经过计划、组织、领导、控制等流程来把握有限的资源并让其产生可观的收益。

4. 流通产业协同治理机制

流通产业协同治理机制是协同治理的核心内容,是治理体系构建的切实保障,也是治理体系平稳运行的关键。治理机制是各个治理主体认可和遵守的规则的集合,是各治理主体实现治理目标的路径,也是治理条件发挥作用的参考规则。治理机制可以激励和约束治理主体的行为,引导各治理主体为实现治理目标不断努力。治理机制具体包括决策机制、互动机制、联结机制、协调机制、沟通机制,每个治理主体相应地负责一个或多个机制,协作配合,共同构建流通产业协同治理体系。由于治理主体是多元化的,相应的机制也是多元化的,治理主体负责机制的程度和扮演的角色也各不相同。

(二)流通产业协同治理的影响因素

影响协同治理机制形成的因素有很多,如法律法规、政策制度、公共资源、经济水平、文化背景等。针对双循环视域下流通产业协同治理,笔者认为下述三点最为重要:宏观层面上的国家及各地政府的制度建设和国内外环境、中观层面上的治理主体协调和参与、微观层面上的消费者反馈与互动。

1.宏观层面上的国家及各地政府的制度建设和国内外环境

宏观的制度建设是国家治理、社会治理乃至公司治理的风向标,流通产业协同治理作为国家治理体系的一部分是要依托于宏观制度和国家治理的,因此这是流通产业协同治理的基础和背景。任何行业或企业不可能脱离社会而存在,因此要遵守社会的基本准则和行为规范,从事的生产经营等任何活动必须合法合规,不能违背国家的法律法规。国家的制度建设是构建双循环视域下流通产业协同治理的有效保障。具体来说,国家通过交通、信息、通信、科技等基础设施建设为流通产业协同治理铺好道路,同时完善配套的行业规范、金融政策等全方位的制度建设,在制度层面上破除流通产业协同治理的壁垒,为流通产业协同治理体系的构建提供有效保障,进而降低流通产业建设成本,提高整个流通产业效率。考虑到流通产业分布的各个地区经济发展水平、社会发展水平等方面存在差异,要实现流通产业协同治理,必须以金融、税收、土地等方面的一系列政策为支持。政府可以通过直接或间接的补偿方式,从国家层面建立一套可有效平衡多方利益的补偿机制,规范各方行为,缓解各方利益冲突,为流通产业协同治理提供良好的政策引导和环境保障,促进流通产业形成互补互强的格局,增强双循环视域下流通产业协同治理的辐射带动作用,实现流通产业协同治理体系的建设。而对于国外环境,需要国家和政府宏观把控,积极帮助行业产业应对国外的各种挑战,联合应对疫情冲击下的经济颓势,反制一些西方国家的非法制裁行为。

2.中观层面上的治理主体协调和参与

以行业协会为例,它在一定程度上反映了各治理主体的利益诉求,是联系政府与消费者、厂商与消费者的桥梁和纽带,具有自主治理、服务、管理、协调和监督等多项职能。因此各治理主体应充分发挥自己的核心地位或中介优势,完善流通产业协同治理的体系构建,积极促进流通产业协同发展。由于篇幅有限,这里主要介绍行业协会的参与作用和流通核心企业的主体作用。

行业协会应协助流通核心企业建立流通产业协同治理体系,促进产业内资源结构、业务结构和组织结构的优化,进而提高流通核心企业的核心能力。通过提供现代信息技术,促进各治理主体间特别是流通核心企业间知识与技术的交流和沟通,为流通核心企业提供产品或服务改进建议,推动各治理主体、流通企业的广泛合作,排除恶性竞争,实现各治理主体共同发展。双循环背景下流通产业行业协会要加快流通产业数据库搭建,完善信息沟通机制,促进流通产业在信息消费、业务消费、服务消费等诸多方面的沟通与协作。同时,还应该积极联合如媒体、非营利性组织、金融机构、第三方物流、厂商等其他治理主体定期举办论坛峰会,就如何构建流通产业协同治理体系进行充分的交流,促进各治理主体信息资源互补,共享优势。通过这些举措,推进流通产业内人员互动、要素互动和企业互动,保障流通产业协同治理体系构建顺利完成,促进流通产业协同发展。

流通核心企业作为治理体系中的关键节点,其产业布局结构与分工关系到治理体系的整体协同效果。治理体系中流通核心企业间的联合与协作,可促进流通产业内各治理主体互通有无和相互合作,提升治理体系的整体能力,促进体系内各主体协同发展。流通核心企业要积极推动集研发、生产、仓储、物流、批发、零售等于一体的流通产业链建设,结合自身优势和具体情况,科学合理地进行企业的业务规划和布局,促进流通产业内部的协同发展。同时,传统流通企业要加快转型升级,尽快融入现代流通企业行列,实现流通产业体系内互补发展。由于市场环境、竞争、科技等因素的快速变化,流通产业环境呈现动态且不稳定的变化趋势,流通企业更应该优化配置企业的人力物力资源,更加重视知识资源,及时尽早地调整企业未来发展战略,以提高企业对环境不确定性的应对能力。

3. 微观层面上的消费者反馈与互动

微观层面上的消费者参与治理也是影响流通产业协同治理的重要因素。消费者治理主要的功能和目标是提升各治理主体特别是流通核心企业的服务,通过消费者监督反馈,让企业能更明确消费者及其他社会公民的需求。消费者在社会中有较紧密的社会网络关系,建构了一定的亲属关系、朋友关系及工作关系,这有助于扩大企业的受众和目标群体。因此要关注消费者的诉求,给他们提供更多与企业交流的机会,提升消费者的满意度,使消费者与企业之间形成情感联结。不管是从政府到企业再到消费者,还是从厂商到企业再到消费者,消费者始终是传播链条的终端,他们的互动反馈通过链条一级级传播,让各治理主体乃至政府都能够以人们的需求为目标,更好地构建流通产业协同治理体系。

(三)流通产业协同治理的运行机理

双循环视域下,流通产业的治理格局产生了巨大的变化,简言之就是"一纵一横一核心"的立体产业结构协同治理体系,如图 3-2 所示。

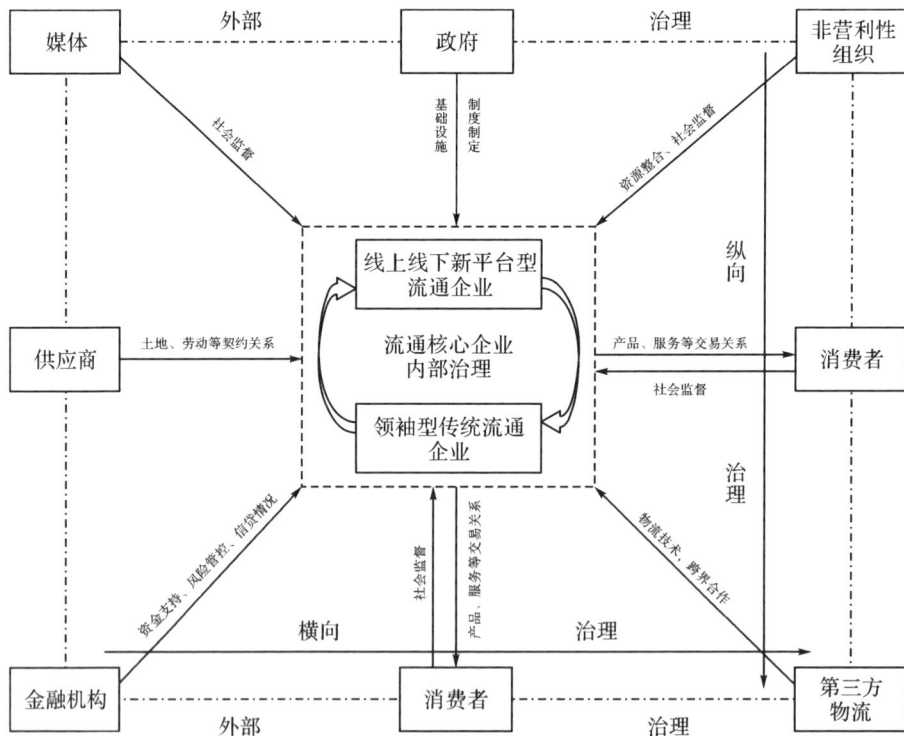

图 3-2 "一纵一横一核心"立体产业结构协同治理体系

流通产业协同治理体系包含多个主体、多个要素,各治理主体如何接洽,它们之间的协同治理机制是如何运作的,将通过双循环视域下流通产业协同治理体系的构建来阐明。

外部治理主要是通过媒体、非营利性组织、金融机构、第三方物流等社会组织对流通企业的监管来发挥协同治理效应。监督机制是协同治理的重要部分,特点是通过道德层面的力量进行监督。如媒体通过舆论引导来监督企业承担社会责任;非营利性组织则通过与企业合作进行资源整合,并监督企业资源的使用效率;金融机构则是给予企业资金支持,评价企业的信贷情况,对企业贷款进行风险评价和管控,监督企业提高资金的使用效率;第三方物流通过提供物流平台及产品流通技术等与其他企业进行跨界合作,配合企业提高产品或服务的流通效率。强化协同治理的过程监管,倒逼治理主体在协同过程中自觉履行职责,这是协同治理的必然要求。流通产业协同治理是一个复杂的系统性工作,基于其体系构建所涉及的多治理主体、多治理环境和多治理机制,协同过程尤其复杂,需要设计有效的监督机制,对多治理主体协同推进体系构建进行约束和监督,以此保证合力作用的充分发挥和协同过程的持续运行。总而言之,监督贯穿于协同治理的体系构建全过程,参与主体相互制衡,有效实现合作配合,保证协同过程中不同治理主体各司其职和协同目标有效实现。

外部治理除了以上提及的治理主体发挥监督作用之外,还有"政府—流通核心企业—消费者"和"厂商—流通核心企业—消费者"两个主要协同治理结构。协同治理结构就是协同治理主体间互相结成的力量关系,即在协同治理过程中结成大小不一、强弱不等的结构;亦指不同治理主体的集聚形态和角色定位,它们相互影响而又相互作用,在体系中形成某种互动关系,直接影响协同治理的整个过程。

第一,"政府—流通核心企业"的协同。流通企业的利益最大化原则使得企业会利用有限的资源去进行更优的配置,从而导致企业的选择跟决策更加谨慎。流通企业在协同治理目标、协同治理主体、协同治理条件、协同治理机制四个要素的影响下,如何形成现代流通企业的模式、获取自身利益最大化是需要思考的问题。政府参与主体治理架构起了政府与流通企业的协同桥梁。基础设施的构建、更好地匹配现代流通企业发展的要求等压力催生出基层政府的宏观调控建设,而政府的制度制定、政策优惠扶持则诱发了流通企业参与协同治理的动机。政府可通过建造产业园等方式,为入驻的流通大中小企业提供办公、仓储、住房、金融、快递、培训、行政代办、法律咨询等一站式服务,从而为吸引大量流通企业入驻提供可能,这也有利于流通企业迅速集聚所需的资源。也就是通过龙头带动、尾部跟随等方式,引导流通企业抱团进行区域协同治理。这不仅降低了流通企业的运营成本,也分担了政府部门的宏观调控与监管执行压力,也能推动政府基建绩效的提高,实现政府与企业两者之间的协同,打通纵向协同治理的第一环节。

第二,"流通核心企业—消费者"的协同。消费者需求实现的关键在于建立稳定的销售渠道和提供完善的售后服务。这需要具有市场运作能力的流通企业协同参与。但相比之下,企业具有以营利为目的的典型经济人属性,作为流通产业协同治理体系构建的核心,其参与构建体系具有一定程度的利益驱动特征。流通企业在协同运作中,一方面瞄准消费者的需求,有针对性地采取各种营销手段进行产品、服务等资源的交换,并基于利益最大化的视角进行投资,另一方面,在企业社会责任的驱使与社会公众监督的压力下,又确确实实想要保障消费者的利益,为消费者创造价值。通过与消费者的双向互动,企业与消费者形成联通效应。流通企业通过一定程度的让利行为与消费者建立了良好的协作共赢关系,消费者参与流通产业协同治理的动机得以激发,进而积极参与协同治理实践,为流通企业提供资金流转的机会,形成了企业与消费者的良性协作架构。

第三,"厂商—流通核心企业"的协同。资源是一个广泛的范畴,主要包括土地、劳动力等有形资源,当然还包括信任、理解等无形资源。充分综合不同治理主体特别是厂商与企业之间资源供给的差异性与互补性,促进资源的有效协同,是推动协同治理体系构建的基础。具体而言,厂商在流通产业协同治理的过程中应该对上述资源进行有效整合、优化配置和内生培育。通过新兴技术不断攻克信息闭塞堡垒,打通厂商与流通核心企业之间的商流、物流、信息流、资金流和技术流,让它们实现互动与流转,促进双方的协商沟通,推动双方之间信任关系的建立,形成强有力的合作联盟关系,确保流通产业协同治理体系构建的有序推进。

"政府—流通核心企业"和"流通核心企业—消费者"两个结构首尾相连就构成了纵向治理;"厂商—流通核心企业"和"流通核心企业—消费者"两个结构首尾相连就构成了横向治理。以上所叙述的都是流通产业协同治理体系的外部治理主体及其运行机理,而该体系最核心的还是流通企业之间、流通企业自身的公司治理体系,如图 3-3 所示。

流通产业除了需要进行横向、纵向治理外,更重要的是流通产业的内部治理。

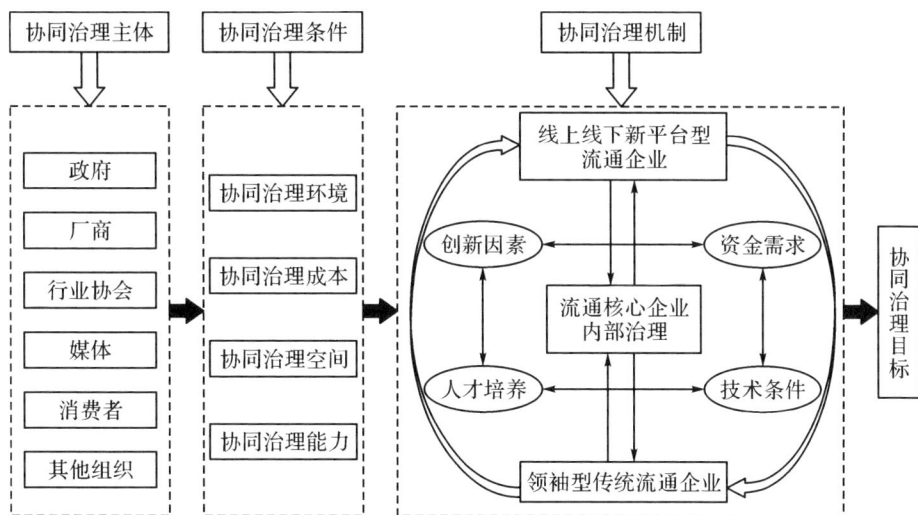

图 3-3　流通核心企业协同治理的内部治理运行机理

尤其是双循环背景下的流通产业,与传统流通产业相比,面临新的内外部环境带来的机遇和挑战,同时也具有新的动力和目标。此时,流通产业内部治理在整个流通产业协同治理中起到的作用非常重要,在一定程度上可以理解为流通产业内部治理是整个流通产业协同治理的核心和驱动力。双循环视域下流通产业的内部治理运行机理可以从以下三个方面进行理解。

第一,就内部治理的主体来看,流通产业内部治理是一种全面的、综合性的治理,不仅是对流通产业中各企业之间的治理,更是对流通产业企业和行业协会等组织的治理,其治理运行机理也是对各企业和相关组织的要求和规制。就这个角度来说,流通产业中各个企业之间的联系,包括两家企业之间的互动和链接及多家企业形成的网络链接关系,都可能形成闭合的固定利益团体,也可能形成开放性的包容团队,更可能形成基于闭合和开放之间的半开放团体,这三种形式都决定流通产业内部治理的难度和效度。在这样的互动或者网络关系中,各个企业主体之间是相互平等、协同的关系,但是特别需要注意流通产业内的核心企业,其无论是在整体规模还是在引导力上对产业发展的贡献来说都是比较大的,所以这就使得流通产业核心企业的内部治理变得尤为重要。

第二,从内部治理的内容来看,流通产业内部治理是一个对不同资源进行开发利用、协调整合、优化升级和重新配置的过程,其中包含创新因素、技术条件、资金需求和人员培养等。可见流通产业内部治理的各种资源的利用效率格外重要。对于产业内的创新因素来讲,核心企业的创新能力和创新效率则整体可以影响产业内其他公司。良好的流通产业内部治理可以帮助产业内除核心企业以外的企业提高创新效率。流通产业的技术条件则直接从根本上抑制或者促进整个产业的发展,在目前强调科技第一的情况下,所有企业必须重视对技术的提升,这不仅是整个产业发展的要求,更是所有企业需要勠力同心追求的事业。流通产业内部治理机制中的资金往来反映了产业中企业之间的直接利益联系,企业之间的网络性结构让其变得更加复杂和多元。在产业中企业资金往来频繁的关系中,一家企业资金出现严重问题,便会引发内部资金治理效率降低。除此之外,流通产业的人才培养则从流通产业发展的供给侧为其提供动力和支持,注重人才管理才能,从而为整个产业提供源源不断的动力。流通产业内部治理就是要兼顾以上各种因素,充分利用各种资源,通过资源的流动带动产业内部的活力。

第三,从各自流通企业的内部公司治理来看,流通产业内部治理又是众多企业内部公司治理的集合,每个流通企业通过自身的内部公司治理助力整个产业的内部治理。在产业中具有一定地位的核心流通企业或者市场地位比较高的流通企业,其内部公司治理模式在一定程度上可以为其他较弱的流通企业提供借鉴,形成标杆效应,以此通过一个企业的内部公司治理成功经验带动整个产业提高内部治理水平。内部公司治理具体表现在监督机制、激励机制、公司股权结构、内部控制等各个方面,贯穿于企业经营决策的始末,涉及公司筹资活动、日常经营活动和投资活动等各个环节。良好的内部公司治理不仅能够维持企业自身稳定性,降低外在环境冲击造成的企业风险,增强企业在动态环境中的防御能力,提升企业的综合实力和竞争力。需要注意的是,企业之间进行内部公司治理的借鉴和学习时,需要结合自身实际情况进行取舍,比如国有企业和非国有企业由于产权性质不同,其内部公司治理存在很大差异,即便国有企业中特别成功的内部公司治理模式也可能并不适合非国有企业,这个需要较弱的流通企业仔细斟酌和考量。

双循环视域下的流通产业内部治理是一个要进行全方位联动的过程,包括产业间各企业主体的交流和联动、各企业主体之间的关系治理、流通企业与行业协会等相关组织的关系治理、企业之间各种资源流动及流通企业的内部公司治理。

除此之外,双循环视域下流通产业的内部治理也不仅仅考虑产业内企业主体及资源流动要素,更重要的是与外部治理主体形成联动,在治理条件的约束下尽可能提高内部治理效率,以达到通过内部治理进而提高整个产业的竞争力,以便更好地服务中国经济。

当然,双循环视域下的流通产业协同治理需要在结合外部治理的情况下,将横向治理、纵向治理和内部治理三部分有机结合。三部分不能单独割裂开来看,需要相互协调、相互合作、相互联结,最终提高流通产业的治理能力、环境适应能力、动态竞争能力和经济贡献能力。我们将会通过两个典型案例,即线上线下新平台型流通企业和领袖型传统流通企业进行详细的介绍,内容包括其影响因素是如何发挥效用、运行机制怎么生效等。

三、双循环视域下流通产业协同治理运行模式案例分析

流通核心企业治理,必须从内部治理结构入手,协调好企业内部之间的利益关系,用内部治理拉动外部治理,再通过制度的不断优化,促进企业成功改革,这对于分析双循环视域下流通产业协同治理运行模式有很大的帮助和借鉴意义。关于双循环视域下流通产业协同治理的具体运行模式,我们将会通过两个案例并结合上文所提到的流通核心企业内部治理进行分析,希望对流通产业协同治理"一纵一横一核心"中的流通核心企业内部治理的运行机制及典型企业协同治理的运行模式做一个阐述与例证。为了进一步展现流通产业协同治理的过程,我们选取浙江省具有代表意义的两家企业——阿里巴巴和义乌商城集团,基于三种运行模式进行对比的双案例分析,进一步展现中国不同类型流通企业的特点、相似性和差异性,为更好地理解双循环视域下中国流通产业协同治理的情况提供借鉴。

(一)案例对象选择

1. 案例对象选取

我们选择的是阿里巴巴和义乌商城集团两家企业,具体原因是:

（1）就案例和研究问题的契合度来讲，我们研究的是双循环视域下流通产业的协同治理，写作目的是构建双循环视域下流通产业协同治理体系，为国家流通体系改革与供给侧结构性改革的协同推进提供理论支撑和对策建议，因此案例的选择必须要对国内的具体情况有实际的指导意义与借鉴意义。阿里巴巴作为新型的流通企业，是不断顺应环境变化而发展起来的，其在组织形式、经营模式、现代流通体系建设方面，都具有典型性和代表性。而义乌商城集团作为成立多年的流通企业，经历了中国不同时期的变化和改革依然能够保持活力，并且在新的国家发展格局中，能够及时进行战略调整且带动地区经济发展，这满足我们分析的需要。

（2）就案例的启发性来讲，阿里巴巴以消费、云计算和全球化作为自己长期坚持的三大战略，其形成了包含中国商业、国际商业、数字媒体、娱乐、物流、本地生活服务、云业务、创新业务及其他业务在内的阿里巴巴生态体系，利用大数据、互联网和科技手段改变了人们的交易方式、购物习惯及日常生活。而义乌商城集团主要经营小商品，其由最初小规模公司发展为上市公司（2002年上市）后，便以国际化、信息化、现代化和品牌化为导向逐步形成公司格局，先后建立了国际贸易城系列分公司、宾王市场分公司、市场发展服务分公司等，并且公司版图不断从义乌拓展到全国各地，经营范围从国内拓展到国外。两家企业一家是线上线下新平台型流通企业，一家是领袖型传统流通企业，其成长和发展经验具有代表性，可以为中国其他流通产业提供相应的启发和借鉴。

（3）就数据的可获得性来讲，两家企业均为上市公司且信息披露较为完善，企业资料获取比较容易；两家均具有较高的整体综合实力，并且经常受到主流财经新闻的报道和关注，在一定程度上可以帮助我们获取相应资料；研究团队成员和两家企业相关人员经常交流，可以获取一些公司内部资料。以上这些解决了案例分析时的资料问题。

2. 案例介绍

本部分先总结性介绍两家企业的情况，再简要说明其发展历程，然后重点对其协同治理情况进行概述。

（1）阿里巴巴基本情况。阿里巴巴全称为阿里巴巴集团控股有限公司，最初由马云等十八人于1999年在杭州创建，于2014年在纽约证券交易所上市。经过二十多年的发展,现已经成长为一家多元化经营的国际互联网巨头。阿里巴巴发展极其迅速,这些年的发展已经让它的业务涵盖了很多领域,现已成为全球电子商务的领导者,在 B2B 线上交易、网上支付等业务上处于遥遥领先的地位,旗下拥有淘宝、天猫、阿里云、蚂蚁金服等平台,是业内难以复制的典范。如今的阿里巴巴已经是大家耳熟能详的企业,人们的生活日常等均离不开强大的阿里巴巴业务,其经营范围包括 B2B 贸易、网络零售、第三方支付和云计算服务。双循环新发展格局更是进一步促进了阿里巴巴国际站的发展。尤其是后疫情时代,阿里巴巴凭借自己的数字化平台优势,使其外贸业务在国际贸易中不断发展,促进了中国加快以国内大循环为主体、国内国际双循环相互促进的新发展格局建设。

(2)义乌商城集团基本情况。义乌商城集团全称是浙江中国小商品城集团股份有限公司,又可以称为义乌小商品城,成立于 1993 年,义乌市国资委为其实际控制人,按照产权性质划分,其属于国有企业。2002 年,义乌商城集团正式在上交所上市,主要从事批发零售业。“小商品,义乌造”的发展格局是对义乌商城集团最形象的描述,其经营范围包含了工艺品、饰品、五金、日用百货、玩具等商品。由于义乌商城集团不断发展,带动区域内经济发展,义乌市也因此被称为“世界小商品之都”。义乌商城集团作为中国线下批发市场龙头企业,由最初在全国范围内交易发展到如今在全球范围内交易,是国家双循环发展格局中不可或缺的部分,成为双循环发展中的重要枢纽。

(二)阿里巴巴和义乌商城集团协同治理运行模式案例分析

1. 阿里巴巴协同治理运行模式分析

对阿里巴巴内部公司治理运行模式可从以下三个方面进行分析。

第一,就阿里巴巴的内部治理主体来看,阿里巴巴依托其流通企业品牌优势,与流通产业内其他公司、组织或者个人通过不同的业务模式形成了紧密的联系。阿里巴巴通过 B2B 业务为其他没有足够的实力与信息来源但想要进行外贸活动的中小企业提供了流通渠道,即依托阿里巴巴搭建开放的网络信息平台,他们通过在平台上向采购商发布自己的信息以拓展自身海外业务;通过 B2C 业务让更多的商家通过支付加盟费的方式入住阿里巴巴平台,实现商家和消费者的信息交互、资源流通;通过 C2C 业务进一步拓展版图,淘宝、支付宝的成功让阿里巴巴的物流配送、商品交易、支付渠道等得到了提升和完善,直接改变了消费者的网购模式;通过将O2O业务和菜鸟配送服务结合,阿里巴巴为餐饮业等提供了新的运营模式,实现了线上下单、线下配送的模式升级,并逐步形成了全品类模式,使得全渠道零售成为可能。阿里巴巴通过以上四种业务,建成了一个流通网络,形成了自己的商业系统,同样也为其他流通企业提供了机会与平台,把流通产业中全企业紧密相连,为流通产业协同治理提供了可能,也为流通产业协同治理体系的构建提供了参考。

第二,就阿里巴巴的内部治理内容来看,以上讲述的四种业务板块的拓展和运作都是不断在进行创新因素、技术条件、资金需求、人员培养的融合过程。除此之外,阿里巴巴的新零售战略更为典型,新零售战略覆盖了多要素、多主体、多维度。具体来说,通过线上线下商品和服务与物流结合及多渠道物流覆盖,零售商之间开展合作,让物流体系更庞大与更全面,通力协作打破时间和空间界限,形成一个快速便捷的覆盖全渠道产品或服务的物流配送网络。此外,阿里巴巴通过构建基于电子商务的物流体系,与第三方物流企业或其他物流企业进行深度合作,整合国内外仓储、快递等物流资源,打通线上线下渠道,与百货、超市、便利店等零售实体建立伙伴关系,联合物流企业形成流通产业服务联盟,为消费者提供一体化的产品流通服务。新零售商业模式下,除了紧紧依托物流体系,更重要的是有大数据、云计算、物流网、人工智能等高科技技术的有力支撑。阿里巴巴利用这些高新技术,为自身战略布局与产业布局提供了基本的保障,让终端消费者切实感受到人性、便捷、高效的服务,让各层次合作商之间的协作也更加顺畅。通过新零售模式,阿里巴巴加速了资金的流转、资源的流通与配置、要素的高效利用,对于整个产业生态起到了很好的催化作用,为流通产业的转型升级与创造性发展提供了机遇,为达到更高的效率、实现流通产业协同治理与协作运转贡献了力量。

第三,就阿里巴巴的内部公司治理来看,阿里巴巴作为非国有企业,在不断融资和发展的过程中,通过引进"合伙人制度",巧妙地解决了所有权与经营权分离而导致的代理问题。合伙人有资格提名多名董事会董事,董事通过股东大会表决后,董事会再聘用职业经理人。这样,合伙人可以参与公司决策,使公司的发展路径与方向不会偏离公司所有者的意愿,这在一定程度上完善了自身的监督机制。同时,公司通过其独特的"合伙人制度",降低高管人员离职的可能性,因为高管需要考虑自己的离职成本如股票收益,这可以在一定程度上缓解代理问题带来的股东与高管利益不一致问题,在一定程度上缓解企业高管的薪酬问题,完善企业的激励机制。阿里巴巴的内部公司治理可以通过监督机制与激励机制有效进行,不同于外部治理需要与多方建立战略联盟,需要多方参与进来协同进行。阿里巴巴的不同业务模式搭配有效的内部公司治理模式,二者相互结合使得其与国内各个合作企业的流通效率越来越高,主体之间的关系越来越紧密,使更多的资源、信息在更大的范围内流通起来,不同企业间的协作越来越有效,同时流通企业的内部交互开始展露强劲的势头,为畅通流通产业协作提供了平台与途径。

2. 义乌商城集团协同治理运行模式分析

对义乌商城集团内部公司治理运行模式同样从以下三个方面进行分析:

第一,就义乌商城集团的内部治理主体来看,义乌商城集团位于义乌小商品市场生态系统中的核心位置,无论是在产业规模还是信用评级上,都具有一定的优势。但是该生态系统的整体情况是中小微企业居多,义乌商城集团在和其他企业合作的过程中,需要兼顾多方面因素,比如其供应链中的上游供应商、下游采购商也多为中小微企业。不同于大型企业,中小微企业不太容易获得银行等金融机构的贷款,尤其是在中国资本市场中小微企业融资难、贷款难的情况下,这些企业更是面临较为严重的资金问题,所以义乌商城集团在和这些企业交易的过程中,需要充分考虑到资金因素。尤其是在利益关系下形成的不可分割关系,需要义乌商城集团积极维护,以防供应链中因为一方企业资金出现问题而造成供应链的断裂。

第二,就义乌商城集团的内部治理内容来看,义乌商城集团以传统流通企业起家,随着互联网的不断发展,类似于 B2B、O2O 等的新型交易方式不断涌现,在京东、淘宝等众多新型交易平台的不断冲击下,其积极向贸易综合服务商转型,2020 年义乌小商品城 Chinagoods 线上交易平台正式上线交易。义乌商城集团顺应时代环境和国家战略,不断加快自身信息技术、数字化技术转型,坚持以数据为导向、贸易做支撑,坚持金融整体发展战略,围绕主营业务进行数字化转型升级,凭借独特产业资源优势,不断寻找新的发力点,增强适应环境的能力,带动流通产业发展。尽管义乌商城集团资金充沛,现金流比较稳定,但是需要注意的是,在进行商业版图扩展的同时,其产业基金投资逐渐流向物流、仓储、海外贸易区建设等方面,并且集团正在不断探索发展供应链金融。供应链是一个整体互动的连贯组织形态,上下游企业的能力及企业之间的关系影响整个供应链的能力,因此需要防范供应链上其他企业出现危机而让义乌商城集团买单的情况发生。此外,在当今科技竞争即是人才竞争的情况下,义务商城集团对于人才的吸引力度和培养需要加强,其人才体系培养模式仍需进一步提升。

第三,就义乌商城集团的内部公司治理来看,因为义乌商城集团是大型国有企业,所以其在进行公司治理时需要考虑的因素有很多,尤其是内部公司治理,要注重响应国家政策,服务地方经济。义乌商城集团的国际化战略是 2000 年由义乌市委、市政府提出的,并且在义乌商城集团发展的过程中,政府一直处于指导地位。这与一般的流通企业不一样,义乌商城集团承担的不仅是一家企业的责任,更重要的是响应国家政策,通过自己的成功带动更多流通企业发展。义乌商城集团的内部公司治理,就从实际控制人的角度看,一定程度上可以概括为通过政府掌管、放手发展、制定帮扶政策和创造营商环境进一步促进发展的过程。义乌政府作为义乌商城集团实际控制人,从开始紧紧控权到如今一步步放权,扩大了义乌商城集团内部治理的范围。并且政府由掌控角色逐步转变为监督、引导的角色,进一步增强了义乌商城集团内部治理的活力,减少了国有企业机制对其的约束,让其可以适应市场变化,和政府形成合作治理的格局,增强企业的整体活力。

(三)小结

根据以上分析,阿里巴巴和义乌商城集团的内部公司治理运行模式具有一定的相同点,但又具有很强的差异性。

二者的相同点有:①流通企业内部治理主体表现为与其他企业增加交流和沟通,对于双循环视域下的流通企业内部治理,尤其要加强与现代物流产业的结合,提升流通企业的运输能力和交易效率,从而增强流通产业内部治理能力以提升整个流通产业协同治理能力。②流通企业内部治理内容和企业战略有机结合,双循环新发展格局下无论是阿里巴巴还是义乌商城集团都将国际化作为战略指导,并且二者在不断提高国际化水平。从战略实施和业务拓展过程,可以看出两家企业均为达到国际化目标所进行的技术要素努力和创新要素努力。③加强数字化建设。尽管阿里巴巴是新型零售企业,义乌商城集团是传统零售企业,但是二者在进行双循环视域下的内部公司治理时,都意识到了需要增强企业的数字化能力,比如阿里巴巴不断开拓和增强数字物流、数字生态建设,而义乌商城集团则积极进行企业数字化转型。

二者的差异性有:①内部公司治理模式不同,因为二者在本质上所属的产权性质不同,所以二者的公司架构并不一致。阿里巴巴独特地和开创性地形成"合伙人"制度以增加初创人在公司中的话语权;而义乌商城集团则是政府一步步放权,慢慢地让其作为独立的个体在市场环境中发展。这反映出尽管都是流通企业,但是产权性质在内部公司治理中具有很强的地位,国有和民营企业需要考虑如何依据实际情况,灵活改变自己的内部公司治理模式,以匹配内部公司治理的主体和内容。②内部公司治理内容侧重点不同。阿里巴巴凭借自己的科技优势和平台网络,较早地开启了 B2B 业务模式,并且将此模式不断发展;而义乌商城集团的 B2B 模式并没有像阿里巴巴那样具有很大的成效,但是在新的竞争环境中,又不得不进行经营模式的变革,此时其并没有一味地选择投资 B2B 模式,而是结合自身情况,大力向贸易综合服务商转型,这对义乌商城集团来讲,既发挥了其传统企业的优势,面向国际大力开展进出口贸易,又发挥了对地区经济的带动作用,增强了企业整体竞争力和新环境下的适应能力。

四、本章小结

本章基于双循环视角,对我国流通产业协同治理体系进行了分析。现有学者指出,我国的流通产业或流通业态仍然处于传统流通体系的阶段,主要特点是企业经营模式较为单一,且同质化严重。这与当今我们强调的经济高质量发展要求并不相符,可见把传统、分散、不成熟的流通产业打造成现代流通产业体系,加速流通产业整体向高质量转型迫在眉睫。尤其是在双循环新发展格局下,我国流通产业应该进行数智融合及全链条数字化升级转型,以加速赋能传统流通产业,推动其逐步发展为现代流通产业,从而构建现代流通产业体系,形成新产业、新业态、新模式,促进创新链、产业链的跃升。

为了加速我国流通产业的高质量发展,我们从协同治理视角出发进行分析。

第一部分主要对协同治理主体进行分析。我们认为,流通产业协同治理主体并不是政府、企业或者行业组织等任何单独一方,而是包含政府、流通核心企业、消费者、厂商、金融机构、第三方物流、媒体和非营利性组织等多个主体,特别是政府、流通核心企业和第三方物流这三个主体。本部分从政策法规层面、企业内部治理层面和跨界合作层面讲述它们产生的具体作用。

第二部分主要是对流通产业协同治理运行机理进行分析。我们认为,双循环视域下流通产业协同治理体系包括协同治理目标、协同治理主体、协同治理条件、协同治理机制四个要素。这四个要素不可分割,共同为实现流通产业协同治理助力。流通产业协同治理的影响因素,分为宏观上国家及各地政府的制度建设和国内外环境,中观上治理主体的协调和参与,以及微观上消费者的反馈与互动。此外,流通产业协同治理的运行机理可以简言概括为"一纵一横一核心"的立体产业结构协同治理系统。具体来说,"一纵"是"政府—流通核心企业—消费者"的纵向治理;"一横"是"厂商—流通核心企业—消费者"的横向治理;"一核心"是流通核心企业与其他企业或者组织之间的内部主体治理、流通核心企业的内部资源治理及其内部公司治理相结合的治理。三种治理模式需要连贯进行,最重要的是进行流通核心企业的内部治理,通过内部治理提供内部驱动力,以带动其他方向的治理,服务于流通产业的协同治理。

第三部分结合具体案例进行分析。基于前两部分的理论分析,我们主要从流通核心企业内部治理入手,对阿里巴巴和义乌商城集团的运行模式进行案例分析,并通过对比得出异同。我们认为,任何类型的流通企业在进行内部治理时,都应该将自己的内部治理内容上升到企业战略层面,而且要增加与其他企业的交流和合作,尤其是要和物流企业保持紧密的联系,提升企业的数字化能力。然而各个企业要因材施教,万不可一味地模仿成功企业的做法,先要考虑到产权性质不同下内部公司治理的差异,然后应该注意到自身战略实施的难度和优势,特别要注意业务模式的发展。

流通产业作为国民经济的先导性、基础性产业,具有重要的战略地位。在加快构建以国内大循环为主体、国内国际双循环相互促进的新发展格局中,要进一步构建现代流通产业体系,从流通产业协同治理入手,提高流通产业的经济活力,以畅通国民经济大循环,为我国经济高质量发展打造坚实基础。

第4章　双循环视域下流通产业协同治理策略研究

　　流通产业连接着生产与消费,在国民经济循环中起着重要的基础性作用。构建新发展格局,必须把建设现代流通体系作为一项重要战略任务来抓。改革开放以来,我国已经经历了以外循环为主、双循环共进的两次大循环。新发展格局更加注重国内大循环的主体地位,更加注重经济循环的畅通无阻,更加强调产业链和供应链的安全稳定,更加强调科技自立自强,更加强调新发展理念的指导地位。随着外界环境的变化,流通产业的发展也从生产主导型、消费主导型过渡到流通主导型,形成以提升经济发展总体质量为核心功能的流通体系。党的十八大以来,我国现代流通体系建设实现新突破,流通网络逐步健全,流通领域新业态、新模式不断涌现,全国统一大市场加快建设,商品和要素流通制度环境显著改善,经济实现更高水平的开放和更高质量的发展。

一、政府主导型

政府通过出台相关政策可加强调控市场资源和要素配置,更能有效引导市场朝正确方向发展。同时,通过制定产业政策加大对市场经济运行的间接管控,为我国不同产业转型升级和高质量发展带来机遇。

(一)双循环视域下流通产业的发展现状

1. 政策保障流通产业发展

习近平总书记在主持中共中央政治局第三十八次集体学习时强调,必须根据法律规范和引导我国资本的健康发展,发挥资本这种重要生产要素的积极作用,并结合习近平新时代中国特色社会主义经济思想的最新实践,对竞争政策做出新的阐释,尤其强调深入推进实施公平竞争政策,全面落实公平竞争审查制度,消除各种市场壁垒,使各类资本机会平等、公平进入、有序竞争。2022 年 3 月颁布的《中共中央　国务院关于加快建设全国统一大市场的意见》提到,竞争政策是尤为关键的问题。竞争政策是基于反垄断、伸张公平正义、维护公平竞争的市场秩序的经济政策,而对是否存在垄断的判断,不是基于经济规模,而是"重在表现"。中国的垄断现象有自身的特殊性,反垄断的主要对象始终应是行政垄断、市场分割和地区封锁。属地管辖体制是中国从计划体制向市场体制转型的产物,在办事效率、资源配置能力和动员管控能力等方面存在着巨大优势,尤其是在应对突发重大灾害时,展示了举国体制的强大动员管控能力和重大项目集中优化的资源配置能力,保证了国家经济和社会生活的安全和稳定。同时,地方和部门主管机构已经形成了一整套制度完备、毫不含糊、十分严格的考评权责业绩的第一责任人制度,所有人都守土有责,且必须尽职尽责。这是中国特色的且能高效运转的成功经验和法宝,是有为政府与有效市场的成功融合,也是全国统筹兼顾、有条不紊、集中力量办大事的制度基础。

2. 试点政策助力流通产业转型升级

流通产业作为国民经济发展的支柱型产业,在提升国民经济发展质量与运行效率等方面发挥着积极作用,并逐渐成为衡量区域经济发展水平、充分反映市场成熟程度的重要标志。在智慧城市试点、低碳城市试点、创新型城市试点、服务贸易综合改革试点及设立中国(海南)自由贸易试验区等规划中,流通产业不仅促进了试点工作的完成,还在其中完成了产业自身的升级。比如在智慧城市的建设中,流通产业通过畅通生产、分配、流通、消费助力城市解决基础设施建设、绿色运输及流通等环节面临的诸多问题；智慧城市中的物联网、产业数字化等技术助力流通产业利用网络化的流通渠道优化资源配置，提高对流通资源在流通环节的智能化管理水平，构建分销行业的软环境，从而促进流通效率的提高。在中国"双碳"目标背景下，低碳城市试点政策赋能流通产业转型升级的作用越发明显，低碳经济是流通产业实现高质量发展不可缺少的一环，对我国的新旧动能转换、经济结构调整、生态文明建设的支撑作用也更加凸显。

(二)双循环视域下流通产业的现存问题

1. 地方保护和区域壁垒尚存

目前畅通经济循环的要求及物流等存在大量堵点和痛点的现实大多与属地管辖体制性的弊端有明显关系。我国的属地管辖体制缺乏必要的市场化的共同协调，行政垄断、市场分割和地区封锁仍旧存在。由于我国在相当长的时期内经历了政府机构缺乏有效的约束机制、官本位体制膨胀，并逐渐形成了以国家授权为背景的垄断力量，以"人治"的方式干预经济运行及对经济管理权限的争取，最终导致行政垄断权力的扩大。正是由于行政垄断势力的存在和其对经济运行的干扰，市场天然的资源高效配置功能和公平竞争环境受到损害，一些领域和行业中的资源不是遵守效率原则而是按垄断市场的"权利网"来配置的。行政垄断限制了中国规模经济的成长壮大，尤其是民营经济中的"小巨人"企业迟迟得不到规模化的健康成长，低水平恶性竞争长期存在，阻碍了竞争力的提升。而且，从不公平竞争中演化而来的经济垄断在数字经济时代加速扩张，数字平台企业实施垄断的进程在加快、周期在缩短，滥用市场支配地位的算法手段在大数据和智能技术的加持下更为隐蔽、精准和高效，甚至出现许多新的逃避监管的方式。如果算法被资本恶意操纵，则必然会侵害消费者的权益，并危及社会整体利益。因此，为保障双循环视域下流通产业的健康发展，政府仍要开展剔除行政垄断造成的地方保护和区域壁垒工作，而且要防止企业利用大数据、算法、技术手段等方式排除和限制竞争、侵害公众利益。

2. 政府与市场的关系尚不平衡

国内大循环对市场运行机制和政府职能提出了新要求。这是因为以压低成本、增加投入和消耗能源为主的粗放型发展方式，和基于此建立起来的市场机制，对虹吸优质生产要素、促进创新发展不敏感。加之对外部市场的依赖,本国市场分工细化程度发展缓慢。政府简单干预市场和企业经营,造成市场失序和价格扭曲,资源在局部集聚和配置,区域不平衡和产业不平衡发展现象突出。构建以内循环为主的新发展格局,就要把处理政府与市场的关系摆在更加突出的位置,更多借助体制机制创新和改革开放的办法,一体推动市场机制优化和政府职能转变。

(三)双循环视域下流通产业的发展建议

1. 打破行政垄断,警惕经济垄断

根据法律,规范和引导我国资本市场的健康发展,一方面要加强属地监管,地方要全面落实属地监管责任,确保监管到位,另一方面,要完善行业治理和综合治理的分工协作机制,加强行业监管和金融监管、外资监管、竞争监管、安全监管等监管的协调联动。创建跨部门、跨地区的各种协调机制,强化市场基础制度规则统一,清理或废除妨碍统一市场和公平竞争的各种规定与做法,实现系统协同、稳妥推进。同时,要科学、灵活、精准地把握好"政策误伤"的分寸,提高针对性,减少损失,避免过度管控与放松管控两种极端,防止顾此失彼、宽严皆误。在司法解释、依法监管垄断问题上,要适度宽容,鼓励扩大经济规模,严厉惩治垄断行为。此外,可以借助智能化数字技术助力改革,破除地方保护和区域壁垒。由于人工智能等数字技术赋能传统流通体系,可轻易做到数据交换,实现低成本、高效率地跨部门、跨地域数据共享和业务协同,这不仅有利于破除垄断分割,推动国内统一大市场建设,还可以突破国别界限和时空约束,形成有效的国内外贸易投资联动机制,实现全产业链资源要素整合配置,促进国内外循环协同互促发展。

2. 规范政策性补贴引导

在政策性补贴方面,政府应细化商贸流通企业差异化补贴门槛制度,降低"统一化"补贴标准。应加强主观补助意识,发挥企业创新策略性优势,在制定政策时以需要创新研究资金和政策支持的企业为主,避免全灌式补贴方式,通过支持创新吸引产业聚集,促进产业高质量发展。通过税收优化激励企业发展。应建立细化税收优惠标准,适当减少小微企业税收。但同时也应防止税收减免力度过大带来的挤出效应,避免因为过度减免导致企业产生发展的惰性。积极与其他国家签

订双边投资保护协定,建立政府间商贸流通协调机制,并引导企业与国外市场建立合作关系,让企业在深入了解当地市场的同时,扩大自身的国际知名度和影响力。完善服务支持政策体系,针对企业境外投资,在财政、税收、外汇、信贷、信息、技术援助等方面,提供全方位服务,减少企业后顾之忧,提高企业"走出去"质量。

3. 推动有效市场和有为政府更好结合

政府要培育、监管市场和弥补市场失灵。一方面,政府不能无为,但也不能乱为,不能扰乱、破坏和代替市场。另一方面,有为政府的作为在于推动有效市场的建立。市场有效主要体现在依据市场价格、市场规则来配置资源,靠市场的充分竞争实现效益和效率最大化。政府应以形成国内大循环为主体的双循环新发展格局为总目标,以更大力度对内开放为着力点,针对职能定位、具体开放领域、市场主体培育、国企混合所有制改革、公平竞争、市场环境等具体方面进行统筹安排、逐项规划,实现多规合一,形成精准、规范、高效的规划体系。

二、企业主导型

随着国民经济水平的逐渐提升,消费者购买商品时对品质和品牌的关注度日渐提高,流通企业在国际贸易环境中利用品牌获得竞争力也成为竞争的焦点。但是,我国企业品牌意识较弱,品牌打造力度不大,再加上国外品牌的冲击,导致我国国货品牌影响力较弱,严重阻碍企业参与内外循环。随着数字经济的发展,流通产业数字化建设平台成为企业转型的重大推动力量,为企业发展创造新机遇,但从目前的发展状况看,数字化仅仅为大型企业赋能,中小企业转型还面临重重困难。总而言之,流通企业发展应以龙头企业为牵引,其他企业抱团发展,从而更好地参与全球价值链和供应链竞争。

(一)双循环视域下流通产业的发展现状

1. 提升自主品牌创造能力

商贸流通企业应关注特色品牌培育活动,逐步建立健全品牌培育评价标准体系,提高自主品牌出口比重,培育高端品牌,促进标准认证衔接;扩大内外销产品

"同线同标同质"标准实施范围,积极主导与参与制定和修订国际、国家和行业标准。如今的消费者对于品质和品牌越来越在意,随着他们收入和消费水平的提高,这点会越来越突出,比如体育、娱乐、珠宝、保健等方面的消费迅速增长,同时,消费的个性化、多样化、定制化、体验化特征越来越突出。

2. 数字化建设催生流通平台新业态

数字经济为全球经济注入活力,已经成为我国经济高质量发展的新引擎和新动能,也催生了大量的流通新业态,为流通产业转型升级带来全新契机。比如,食品行业应用物联网、大数据对产品进行从生产到加工的全流程监控,实现精细化、自动化生产,并通过网络销售和服务创新构筑忠实的顾客群,利用客户数据打造个性化的购物体验。比如,伊利集团通过乳业全产业链的数字化、与互联网巨头"云端""地下"互通、"数字化+牛奶"的产品数字化进行数字化转型。蒙牛集团借助社交大数据培育大数据分析能力,从而发现消费者新的需求,并从系统整合、管理转型、流程创新三个方面,整合奶源、运输、仓储、生产到销售全流程,为企业决策与业务流程优化提供商务智能解决方案,实现企业数字化转型升级。在零售行业中,商场通过数字化转型拉升业绩,超市逆势摸索"到家模式",餐饮探索数字化转型路径,老字号开启外卖微商城模式,零售品牌以数字化技术为中心让顾客获得新体验。电商平台业态不断创新,如阿里巴巴数字供应链平台赋能零售业创新,京东平台创新布局便利店、生鲜、物流等新业态;腾讯开放云计算、大数据、人工智能等数字技术服务;社区团购冲击着中国流通产业,使得企业销售额的下降幅度增大,甚至导致部分企业关门,过去相对具有一定稳定性的生鲜和快消品行业需要重塑;"无人便利店""无接触服务""新零售之城"等新型零售业态的出现,极大地提高了新流通效率。

3. 龙头企业引领流通产业发展

习近平总书记强调,国有企业特别是中央企业要发挥龙头带动作用,带动上下游各类企业共渡难关。龙头企业成长起点高,产业发展实力雄厚;分布结构合理,产业链集群优势显著;注重研发投入,创新驱动能力强。要发展流通产业,就要由一批大型龙头企业牵头,带动其他市场主体抱团发展,共建标准化原料生产基地,并提供技术指导和服务;带头发展区域特色产业,将标准化、品牌化贯穿企业生产、加工、流通全过程;建立健全质量标准体系,提升流通产业质量和品牌效益。

(二)双循环视域下流通产业的现存问题

1. 品牌意识薄弱

品牌是企业增强市场竞争力的有力工具。目前我国流通产业企业虽然体量大,但与国外企业相比,品牌意识不强,品牌打造力度不够,造成品牌效益低下。一方面,我国品牌管理起步较晚,技术基础和人力基础相对落后,影响我国企业品牌内在的质量和科技含量,导致科技成果转化率低;另一方面,我国品牌面临与国际品牌的激烈竞争,但品牌核心竞争力不足。

2. 数字化转型发展不均衡

对于体量较大的商贸流通企业而言,数字化转型收益明显,转型欲望强烈,普遍感受到了大数据时代的机遇和挑战,能够用数据分析、人工智能、云计算等技术简化操作流程,帮助制定管理决策,以及更好地服务客户,并且对自身未来发展和与数字化相结合有一定的认识。但是,不少企业对于数字化转型认识不深,普遍认为数字化转型对解决经营中面临的困难作用不大,没有感受到转型的必要性和迫切性,仍然坚持传统观念。一些企业甚至混淆了信息化和数字化的概念,认为转型只是对系统进行升级,简单地将信息储存起来,尚未认识到数字化转型的好处。此外,企业未进行数字化的原因还有如下三点:第一,缺少数字化方面的技术人才和市场开拓型人才,针对数字化转型,既无法提供技术上的支持,也无法对电子商务市场的发展方向做出准确预判;第二,企业融资困难,无法建立起有效的人才队伍,或者有的企业即使招到人才也难以留住,同时由于电子商务运作的特点,即第三方平台资金占用率高,企业资金流转困难,在缺少融资的情况下,无法投入较多的资金完善数字化管理体系;第三,商业创新发展能力薄弱,有些企业照搬其他数字化转型成功企业的做法,并不能深入分析自身数字化转型的突破口,没有将数字化与自身实践结合起来系统性地进行数字化转型。

3. 企业集约化水平不高

近年来,在电子商务的引领下,一大批商贸流通企业快速成长起来,但是与国际知名的流通企业巨头相比,差距依然很大,缺乏一批具有支撑力、创新力和带动力的国际性流通企业。以阿里巴巴为例,尽管在国内市场其处于体量领先地位,但在国际市场上,与亚马逊仍有较大距离。2019 年,阿里巴巴跨境及全球零售收入占比为 5％,而亚马逊国际站销售额占比为 31％(除北美以外的全球市场)。总体上看,我国流通产业集中度较低、集约化水平不高,特别是在农产品流通领域,大多是零散个体户,以小商小贩为主体,缺乏专业大户、家庭农场、农民专业合作社、农业企业服务公司和农业产业化龙头企业等新型农业经营主体,同时流通组织化程度较低,使流通企业难以参与到全球价值链和供应链竞争中。

(三)双循环视域下流通产业的发展建议

1. 企业做强国货品牌

引导国内生产企业生产内销国货精品。一是支持企业增强研发设计能力,提升国货精品品质。有关部门确立一批国货精品试点生产企业,比照高新技术企业给予相关税收优惠支持,或者提供研发补贴,鼓励试点生产企业加大技术创新投入,提升核心基础零部件材料质量,改进工艺水平,以工匠精神打造国货精品。二是引导企业严格对标国际标准生产内销产品。对于按照"两个市场一套标准",提升现有消费品的质量标准,加快国内产品质量标准与国际标准对接的企业,可比照出口退税给予内销产品相应补贴,激发企业高标准生产国货精品的动力。三是建立国货精品品质检验、评估和认证机制。加大国产产品质量检验力度,可以通过财政补贴认证费用的方式,强制生产企业对产品质量进行第三方认证,经认证和评估达到国际标准的产品方可进入市场。四是鼓励生产企业积极培育自主品牌。可通过设立专项扶持基金,支持企业创建国货精品自主品牌,培养精品意识,注重品牌效应,提升产品附加值和软实力。

2. 帮助企业解决数字化转型痛点

规范制度保障,加大政策支持力度。在商贸流通数字化转型规划、监管、审批、安全评估及政策出台等方面建立绿色通道,简化审批手续,提高审批效率。要加大政策对中小企业商贸流通数字化的支持力度,设立专项资金,支持商贸流通数字化公共设施、数字化平台建设,支持商贸流通数字化大型项目建设;鼓励中小企业进行商贸流通数字化创新发展实践,并通过制定合理的创新奖励、税收优惠政策等激励措施,对大型示范项目、商业模式数字化创新给予奖励;推动投融资政策,加大社会资金募集力度,探索投贷联动试点;采取转贷基金、风险补偿、担保补助、业务奖励等措施,鼓励并引导金融服务机构针对新业态、新模式开展多种投融资服务;实施政府采购合同信用融资政策,探索股权和债权相结合的融资服务方式,以此创造商贸流通业数字化转型的良好舆论环境和市场氛围,提高企业商贸流通业数字化转型成效,激发企业数字化转型动力。

3. 加强龙头企业培育工作

实施"行业小龙头成为产业大龙头"发展规划,加快启动行业龙头、产业龙头发展规划,将政府性招商引资、企业改制重组及财政金融支持政策都集中到"强龙头、延链条、壮产业"上来。政府引导推动培育工作,打破企业技术界限,实现产业创新共享。对创新成果可采取对受益企业进行一定的有偿转让,既保障政府受益,又使整个产业得到发展。鼓励和扶持产业链上龙头企业建立产业联合创新中心。不拘一格出台鼓励政策,激励高端人才落户。整合现有人才政策,实行大鼓励、大支持、超常规政策,真正把对培育大产业、培育产业龙头有实质性帮助的高端人才引进来。用好金融财政杠杆,破解融资难题。协调地方金融机构开展专利质押、信用贷款、票证贷款服务,让"融资难"在地方银行率先破局。特别是对于在金融机构有信用额度但押品不足的龙头企业,要协调到位。

三、产业主导型

改革开放以来,我国商贸流通业完成了从计划经济向市场经济的转变,并取得了"四个突破""四个创新""全面开放"和"十大转变"的伟大成就。作为连接生产与消费的重要组成部分,商贸流通业在促进我国经济发展中有着重要的作用。流通产业集聚是实现我国双循环发展目标的关键。产业集群协同创新、产业融合发展及中心城市带动成为当前流通产业转型升级、实现双循环目标的重要助推器。但是,产业集群创新动力不足、产业融合呈不均衡态势、区域间发展不平衡仍然是流通产业发展过程中不容忽视的问题。

(一)双循环视域下流通产业的发展现状

1. 价值链协同创新

价值链协同创新是促进流通产业升级的重要助推器。对于流通产业而言,价值链协同创新可促使企业在短时间内获取链段优势要素资源,借助高新技术优化生产制造流程,在提升经营效能的同时,推动流通产业结构转型升级。价值链协同创新可激发绿色、高质量发展的动力,高度匹配流通产业内部资源分配机制,可嵌入企业生产制造环节,进而影响流通产业转型升级。在价值链协同创新过程中,生产运行、资源输送等各环节能够促进价值链深度融合,助力流通产业转型升级。在全球价值链发展过程中,价值链协同创新能够为国内外市场提供多元资源。在此基础上,各地区充分利用本区域内资本要素与人力要素,为流通产业转型升级提供动力。而且,面对当前复杂的国际环境,价值链协同创新可以促成流通产业协同发展,破解"低端锁定"和"卡脖子"问题,确保产业链和供应链转型升级。

2. 产业融合发展

从产业发展规律来看,由于科技变革、商业模式创新等因素的影响,产业间的原始界限被打破,产业融合成为一种新常态。制造业是立国之本、强国之基,是工业经济的主体、服务经济的支撑,也是国家综合实力和国际竞争力的重要体现。促进制造业高质量发展,是实现经济高质量发展的基础和前提。2021年3月,《中华人民共和国国民经济和社会发展第十四个五年规划和2035年远景目标纲要》提出要深入实施制造强国战略。2021年12月,中央经济工作会议再次强调要提升制造业核心竞争力,推动制造业高质量发展。可见,提升制造业实力、促进制造业高质量发展已经成为国家发展的长期战略。然而,推动制造业高质量发展是一项复杂的系统工程,既需要制造业自身转变发展方式,实现价值链高端化,也需要服务业特别是生产性服务业的配套支撑。就制造业与服务业而言,其突出表现是制造业的生产流通过程日趋服务化,服务业利用产业链的纵向拓展和横向延伸与制造业深度绑定。物流业作为现代服务业的重要组成部分,是支撑国民经济发展的基础性、先导性和战略性产业,制造业作为实体经济的基础,则是社会物流总需求的主要来源。物流业与制造业的融合发展是增强制造业核心竞争力、促进制造业高质量发展的重要途径。

3. 中心城市带动优势产业生成集聚效应

2019年2月,国务院正式印发《粤港澳大湾区发展规划纲要》,指出要"实施创新驱动发展战略,完善区域协同创新体系,集聚国际创新资源,建设具有国际竞争力的创新发展区域"。广州日报数据和数字化研究院(GDI 智库)发布的《粤港澳大湾区协同创新发展报告(2020)》显示,2015—2019 年间,粤港澳大湾区发明专利总量达 128.76 万件,位列世界四大湾区之首。随着粤港澳大湾区建设迈入新阶段,产业协同发展的重要性进一步凸显。而智能化被公认为是打破地区限制、促成产业协同的关键。新智能不仅可以直接催生新的产业,还能够通过运用新成果改造和提升传统产业。同时,新成果、信息技术的推广应用,更能够推动产业分化裂变、升级换代、跨界融合。

(二)双循环视域下流通产业的现存问题

1. 产业集群创新动力不足

尽管我国流通产业集群的创新水平在不断提升,其中部分企业的创新能力达到国内领先水平,但与世界级产业集群相比,整体创新能力不足,缺乏核心竞争力,在原始创新、重大技术创新等方面偏弱。目前,集群创新的部分环节"卡脖子"问题依然明显,产业集群在双循环中面临较大的风险。

2. "两业"耦合呈不均衡态势

全国物流业和制造业之间的耦合协调阶段由最初的濒临失调阶段逐步发展为中级协调阶段,其间协调程度越来越高,但"两业"发展持续呈现不均衡态势,物流业发展从最初的滞后于制造业演变为超前于制造业。如果这一趋势不能得到扭转,将会进一步提升耦合协调不均衡程度。

3. 区域发展不均衡

流通产业空间格局存在明显差异。以长江经济带流通产业集聚空间为例,江苏和浙江作为流通产业聚集水平相对较高的省份,以其沿海地理位置优势,为辐射邻接省域提供便利条件。湖北、湖南、四川处于流通产业集聚水平高而邻接省域水平低的状态,可以通过提升流通产业空间溢出效应带动周边省域发展。

(三)双循环视域下流通产业的发展建议

1. 提高产业集群创新能力

就全国层面而言,要聚焦商贸流通产业,围绕企业扶植政策、传统商贸产业与电子商务融合发展等重要内容,开展专题研究。着力将电子商务等作为重点来谋篇布局,做到选好工作抓手,建设和引进一批引领商贸流通产业转型升级的载体企业,推动商贸流通产业发展壮大。此外,龙头企业对产业集聚发展能够产生很大的影响,因此流通产业可以通过吸引高水平企业加入,提升产业服务质量和产业动能。同时,应积极推动运输性要素和基础设施建设,提升运输功能和综合利用能力,加强区域联动和互补效应,探索多维度发展思路,推动流通产业高质量协同发展。

2. 平衡"两业"耦合协调程度

八大区域在促进"两业"互动融合发展以提升区域制造业高质量发展水平方面应各有侧重。如东北和北部沿海地区以传统制造业和重工业为主导,物流业起步较晚,发展较慢,制造业对物流业的需求及物流业对制造业的支撑作用未能展现出来,因此这些区域要进一步提升制造业发展水平,同时围绕制造业发展重点发展相配套的物流业。东部沿海和南部沿海地区的制造业较发达,与制造业相配套的物流业也已达到较高水平,下一步应重点提升"两业"融合发展水平,提高"两业"耦合协调程度。中西部的西南、西北、黄河中游、长江中游等地区,则要同时推进"两业"发展,增强"两业"内生发展动力,培育产业链、供应链长板,实现资源有效配置,强化要素支撑。

3. 强化区域产业联动发展

应强化各综合经济区内部经济联系,实现区域内产业联动发展。目前,东部沿海地区较其他区域发展更好,区域内部基本形成了以上海为核心或龙头的区域城市群,区域内部产业协同程度和资源配置效率都较高,从而有效提升了区域"两业"融合发展水平,这对推动区域制造业高质量发展十分有利。反观其他几个区域,因为种种原因,内部始终未能形成较为密切的产业协同关系,区域垄断和行政分割严重,要素资源不能在区域间自由流动。为此,要进一步打破区域垄断和行政区划限制,建立全国统一大市场,促进资源要素跨区域合理流动,提升区域"两业"耦合协调等级,促进区域制造业高质量发展。

四、市场主导型

我国流通产业市场在经历生产主导型、消费主导型两阶段后,步入当前以国内大循环为主体、国内国际双循环相互促进的新发展格局下的流通主导型阶段。流通产业在新发展阶段承担和完成了更高层次的战略使命,即跳出传统的生产和消费服务功能导向,不再满足于各类服务网点的布局和规模数量的匹配,而是构建各种综合型高水平流通组织平台。一方面,通过线上线下融合、反向定制等方式,增强大数据服务、供应链赋能等功能,引导和服务生产流程的升级;另一方面,通过丰富场景、配送到家等方式,不断挖掘消费新热点。同时,通过海外连锁、海外仓等方式,连通国内国际市场,提升中国流通企业"走出去"及参与全球竞争的能力。在此基础上,不断优化现代经济体系,构建具有强大组织能力的新型流通体系,为畅通国民经济循环助力。

(一)双循环视域下流通产业的发展现状

1. 流通服务供给持续增加

基本流通服务供给持续增加。近年来,政府更加注重商贸流通业承担的社会功能,加大对居民生活流通服务的供给,进而更好地满足城乡居民基本生活需求。一是加强公益性农产品批发市场建设,强化"菜篮子"市长负责制,将农产品批发市场建设纳入考核机制,建立农产品供应保障机制。二是在城镇化过程中,注重将商贸业用地纳入农村社区建设的统一规划,增加农村地区商贸服务供给,改善农村居民消费环境。三是强化城市商业零售设施建设,优化社区商业网点、商业设施的布局和业态配置,加大对社区菜市场、超市、便民菜店、平价商店、社区电商直通车等多种零售业态的培育力度,注重商业业态多样性和多元化发展。四是在流通领域加强信息技术应用。关注并推进 5G、物联网、移动支付、大数据、人工智能和 VR 技术的研发与应用,催生出社交经济、共享经济等新业态和新模式,如直播带货、互联网健身、远程医疗和在线教育等,推动电子商务蓬勃发展,全面改变人们生产生活方式,为流通产业创新发展提供空间和机遇。借助移动支付和社交网络工具,智慧零售、无人零售、绿色零售等新业态与线下实体商业共同构建与消费者无缝持续且无处不在的消费场景,全方位、全天候满足消费者需求。以天猫为代表的电商平台,围绕"会员"和"粉丝"进行精细化运营,打破线上店铺和线下门店界限,同时与天猫以外的渠道联合运营,为消费者提供更多选择。在新技术的推动和物流配送体系的支撑下,线上企业积极向线下渠道延伸,超市、专业店等传统零售业态与电商平台深度融合发展,如物美引入多点 Mall、沃尔玛入股京东等,推进流通产业业态不断创新发展。

2. 区域流通网络初步形成

当前国家重大区域发展战略频出,引领区域一体化进程不断加快。长江经济带建设、京津冀协同发展战略等持续深入推进,成为带动经济区域协同发展的新动力。这不仅有力推动内贸流通区域协调优化,而且促进流通产业发展整体性不断增强。通过有效融合商务、供销和邮政等各方面资源,强化城乡商业网点功能布局,完善城乡商贸流通网络,畅通农产品进城、工业品下乡双向流通渠道,加速推动城乡一体化进程。

3. 商贸流通国际化程度提升

为适应新的对外开放经济新形势,商贸流通向国际、国内两个市场持续深入发展。一方面,推动国际物流园区、跨境电商平台等加快发展,并通过新建、并购、参股、增资等方式建立海外分销中心、展示中心等,与跨境电商平台进行线上线下融合,更好地推动流通企业"走出去";同时,快速构建一批连接国际国内市场的跨境贸易电商综合服务平台,畅通国内外流通网络。另一方面,随着内贸流通领域外资准入限制的日渐放开,鼓励更多外资投向共同配送、连锁配送及鲜活农产品配送等物流服务领域;引导跨国公司设立采购、营销等功能性区域中心,更好地与国内市场有效对接。

(二)双循环视域下流通产业的现存问题

1. 基础设施建设供给不足

近年来,政府加大商贸流通公益性设施投入,如建设公益性农产品批发市场,但在社区商业领域仍略显不足,难以为社会提供有效的商业服务。当前,我国社区商业网点面积占社区总建筑面积的比例仅为发达国家的一半;而且很多商业网点因租金上涨而难以为继,或者被迫改为他用,导致社区商业网点数量较少,同时现有网点业态老旧、服务水平不高,难以为居民提供高效、便利的商业服务,无法满足消费升级需求。

2. 农村流通现代化发展滞后

由于城乡经济发展不平衡,农村地区消费水平远低于城市,导致农村商贸流通基础设施供给不足、流通网络布局不完善。尽管近年来加大对农村基础设施建设的投入力度,通过"电商下乡"等方式提升农村流通现代化水平,但是"最后一公里"问题仍然突出,镇、村之间道路不畅成为农村电商发展的主要障碍。而且冷链设施缺乏,使农产品冷链物流无法实现全覆盖,导致农产品质量安全受到威胁,降低了农村消费质量。

3. 商贸流通国际化面临新挑战

当前,外商投资企业进入自我调整和局部收缩阶段。进一步完善外商投资商贸物流领域的法律法规,放开外资准入限制,落实第三方物流、专业批发市场、物流配送中心、仓储设施中心等领域的对外开放,推进国内外流通企业深入合作,成为双循环体系中商贸流通企业的重要任务。

(三)双循环视域下流通产业的发展建议

1. 夯实市场主体微观基础

强大市场首先需要强大市场主体、强大专业行业。资本等要素市场重在定规则、立规矩,商品市场则重在夯基础。其中,市场建设要防止避实就虚,要与实体经济挂钩,要进行细分化,促进专业化和数字化落地。培育市场主体,夯实微观基础,为加快培育强大的市场主体创造条件。在数字化时代,要想实现市场流通体系的数字化,先要促进市场当事人的数字化,即推动商贸企业主体完成数字化转型升级,解决好中小微企业面对高速发展的数字技术不会用、不敢用和用不起等现实问题。

2. 加强双向流通畅通,城乡循环

一是加大对农村地区、西部落后地区基础设施建设的投入力度,包括完善交通路网,提升乡村道路等级,提升光纤宽带网络和移动通信网络覆盖率等,进一步改善农村地区基础设施。二是鼓励大型流通企业在城乡不同区域设立多层次商业网点,以品牌流通企业集团化发展实现业态互补,加强对农村地区商品质量的控制,改善农村地区商业环境,提升农村居民消费质量。三是加强城乡商业发展统筹,提高城乡之间产品双向流通整合度。通过流通基础设施及物流体系一体化建设,健全城乡商贸流通体系,同时注重培育农业合作组织、农村连锁超市等农村流通主体,为城乡双向流通夯实基础。四是进一步完善国家级农产品流通市场网络,通过推进农产品现代流通综合示范区建设,提高农产品标准化程度,并积极对接电商平台,加大农产品上行范围和种类,从而更好地实现商贸流通业"利农、惠民"功能。

3. 现代供应链畅通供需循环

一是充分利用物联网、云计算、大数据、人工智能等新兴技术深入挖掘消费者需求,提高企业快速反应能力,并采用定制化生产方式,为消费者提供个性化、多样化商品。二是大力推进供应链结构升级与创新,将消费需求贯穿于产品设计、采购、生产、销售、服务等全过程,推动生产型供应链向消费型供应链转变,并与互联网、物联网深度融合,升级为高效协同的智慧供应链,推进我国由供给大国向供给强国演进。三是加快供应链及其产业组织方式、商业模式和政府治理机制创新,在整合上游生产资源的同时,对供应链各个环节加以优化,以信息共享推进有效对接,降低交易成本,提高运营效率,从而加速推进产业升级,提升全球竞争力。

五、危机处理

中国目前既处于后工业化时代,又正在进入大数据时代,呈现线上线下融合程度高、经济活动流动性强的特点。在新冠疫情期间,流通产业不仅兼顾生产、分配、流通等任务,在紧急时还将供应链分流出去援助,使得部分业务被分流出去。可见,流通产业对恢复国内经济生产和应对危机都起到了重要作用。与此同时,国际环境变化,中国产业链、供应链安全受到威胁,中国各个流通主体在双循环背景下面临较大的挑战。

(一)双循环视域下流通产业的发展现状

1. 应急物流建设

随着综合实力不断增强,行政管理体制改革深化,我国逐步建立起与国情相适应的应急管理体制,具备应对突发事件的应急物流保障能力。2020年新年伊始,新冠疫情迅速扩散,物流业从业人员积极投身抗疫工作,为抗疫保供、复工复产做出了重要贡献。与此同时,流通产业对经济恢复也做出了巨大的贡献,公路物流、仓储物流、快递物流、电商物流等表现出强大的韧性。在产业升级、疫情反复等外部环境下,应急物流越来越受到重视,应急物流管理从应急响应向"预防、响应、学习"并重转化,更加强调多主体协同,使"中心—外围"应急物流结构更具效率。

此外,历经四十多年的市场改革,我国物流市场主体企业经历小、散的发展阶段后逐步走向集中。特别是党的十八大以来,在物流业快速扩张的影响下,在互联网等科技手段的驱动下,我国物流企业整合速度加快,物流市场主体的规模化、网络化发展趋势更加明显。其中,龙头物流企业规模扩大速度明显高于全国平均水平。龙头物流企业在网络化扩张过程中,服务能力持续提升,资源整合能力不断增强。龙头物流企业在全国业务网络扩张中,逐步建立了覆盖全国的仓配一体的物流网络,已经具备深度参与应急物流运作的强大能力,在突发危机事件中显现了主力军作用。

2. 保障产业链、供应链安全

第四次工业革命的浪潮催生了新产业革命。国际竞争加剧,全球气候变化与资源环境约束驱动着低碳绿色转型。新冠疫情发生后,各国产业链、供应链受到巨大冲击,保障产业链、供应链安全成为各国重要的战略目标。同时叠加数字化、可持续发展等,这些因素正在重塑全球产业链、供应链的结构与形态。面对当前特殊的环境,流通产业要做到在全球产业分工中,当产业链、供应链受到外部冲击后仍能保持生产、分配、流通、消费各个环节畅通,维持产业链上下游各环节环环相扣,供应链前后端供给需求关联耦合、动态平衡的状态。这就需要企业加强对关键核心技术和零部件的自主研发,攻克技术壁垒。此外,还应加快建立包含国家标准、行业标准、地方标准、团体标准、企业标准等的多层级商贸流通标准体系。

商贸流通业标准化水平的提高对其国际竞争力提升具有一定的促进作用。商贸流通业国际竞争力的提升需要其标准化水平的不断提高,或者说商贸流通业国际竞争力达到一定水平之后,需要标准化水平的同步跟进与持续完善以维持现有的竞争力,即商贸流通业国际竞争力的提升对其标准化水平提升的作用明显。

(二)双循环视域下流通产业的现存问题

1. 应急物流运作水平有待提高

我国应急物流管理体系依然存在物流企业主体作用发挥不充分、应急物流运作组织化水平不高、应急物资储运分离等问题。在物流业新一轮科技应用加速、龙头网络型物流企业综合服务能力不断增强的背景下,应从制度设计层面明确龙头网络型物流企业在应急物流体系中的主体地位和作用,引导其深度参与应急物流预案制定与演练、应急物流运营平台搭建和应急物流基础设施建设,按照政企协同、与国家物流枢纽网络一体布局原则,构建平急结合、储运一体、科技智能、响应敏捷、运作高效的现代应急物流体系,提高我国应对突发事件的物流保障能力。近年来,突发公共事件时有发生,一旦应对不力,将对社会生活造成巨大冲击,引发消费者对粮、油、蔬菜、方便食品、消毒用品等生活必需品的抢购,甚至导致更加严重的危机。为保障突发公共事件时消费者日常生活必需品及应急物资的有效供给,必须动员各方力量,打破时间与空间限制,进行跨部门、跨企业、跨平台合作,协助政府全面把握应急物资生产、调拨、供应情况并进行科学决策。在现阶段我国数字化零售业大发展的背景下,需要基于突发公共事件下各参与主体行为特点及突发公共事件发生、发展、恢复阶段运行机理,构建一套以数字化零售为核心,涵盖政府应急指挥系统、应急数字化商业系统、应急生鲜农产品零售系统、应急物流配送系统的虚实结合的应急保障体系。具体而言,就是要把零售店铺作为应对突发公共事件的基础设施,对实体商业网点与电商的布局进行合理规划,实现相互补充,打造以社区零售店铺为支点的基础应急保障体系;就是要推动生产企业与零售企业的产销融合,实现对消费者需求的快速响应;就是要加强生鲜农产品产后标准化管理体系建设,加速产地生鲜农产品标准化进程;就是要构建多层级、多渠道配送合作体系,以最短时间和较低成本提供快捷服务。

2. 产业链、供应链自主可控能力不足

我国对关键核心技术的掌控能力较弱,核心技术、关键零部件和关键基础材料等方面的"卡脖子"问题严重。而且,产业链上下游共生发展生态不完整,许多产业发展所需要的关键原料在本地和周边地区找不到生产企业,导致企业相关物流成本居高不下。当今世界正经历百年未有之大变局,新一轮科技革命和产业变革蓬勃兴起。企业家要立足中国,放眼世界,提高把握国际市场动向和需求特点的能力,提高把握国际规则的能力,提高开拓国际市场的能力,提高防范国际市场风险的能力,带动企业在更高水平的对外开放中实现更好发展,促进国内国际双循环。

(三)双循环视域下流通产业的发展建议

1. 加强应急物流供应链数字化管理

危机处理过程是消费者、零售企业、生产企业、政府等各参与主体之间的动态博弈过程。政府在危机中对公众起到保障作用,如果政府采取的保障措施没有达到公众预期,加之突发公共事件恶化,消费者就会对政府失去信任。但是,在危机事件发生后,面对生活必需品供不应求的局面,政府所能调动的资源、所能使用的手段很大程度上需要依靠流通产业(零售业)完成,因此只有政府和流通产业协同才能做出最优的反应。数字化能够加强零售企业与生产企业之间的信息交互,零售企业反馈精准的需求信息,生产企业根据需求信息组织生产。由此可见,突发公共事件时,零售企业在为消费者提供生活必需品、组织货源、协调物流配送、维护生活秩序等方面发挥着关键作用。随着突发公共事件的持续发酵,消费者对事件的未来发展持悲观态度,加之生活必需品供应不足,他们认为囤货越多越安全,便在这种心理作用下进行大量采购。随着消费者采购量的持续增加,为获取最大化利润,零售企业和生产企业可能会大量囤积商品,等待高价出售。在这种非正常的状态下,政府必须采取有效应对措施,严厉打击囤积居奇和哄抬物价的行为,对应急商业资源进行统筹调配。因此,在构建应急机制时,可以建立以大型数字化零售企业为主导的应急数字化商业系统、应急生鲜农产品零售系统、应急物流配送系统,以数字化零售为核心构建虚实结合的应急保障体系。

2. 加强关键核心技术自主研发和标准体系建设

习近平总书记强调,以国内大循环为主体,绝不是关起门来封闭运行,而是通过发挥内需潜力,使国内市场和国际市场更好联通,从而更好利用国际国内两个市场、两种资源,实现更加强劲且可持续的发展。提升产业链、供应链现代化水平,大力推动科技创新,加快关键核心技术攻关,打造未来发展新优势。我国具有超大规模市场优势,这种优势在逆全球化和保护主义盛行的背景下显得尤其重要。巨大的消费市场为我国健全产业链、补齐短板创造了条件,凸显了劳动力成本、供应链成本、营商环境等优势,吸引了更多全球优秀企业加入我们的产业链集群。此时,要从战略上把握供应链区域化、本地化、多元化、数字化转型的新趋势,再造基础产业链;要在固链补链强链上下功夫。5G、工业互联网等数字技术对供应链变革影响巨大。目前,我国正抓住"新基建"机遇,加大对产业链、供应链的整合,推动制造业升级和新兴产业发展。加快5G建设进度,打造人、机、物全面互联的工业互联网,增加新型智能化计算设施,推动实现信息、技术、产能等精准配置与高效对接,从而加强产业链、供应链的协同。此外,国家还应重视对国际化标准体系的建设。由于较高的标准化水平在提升本国商品(货物)与服务的适用性、防止贸易壁垒、促进技术合作等方面具有积极作用,当前各国在推动商贸流通业规范化、集约化、国际化、现代化转型过程中,均已将标准化作为抢占国际市场的关键技术手段。

六、疫情处理

自新冠疫情暴发以来,全球贸易遭受重挫,外向型经济转型升级、打通"双循环"变得迫切。面临开工限制、原料供给不足、订单量减少等供应链中断风险及由此导致的现金流短缺等诸多问题的大中小企业选择通过出口转内销、数字化赋能产业转型升级的方式渡过难关,缓解经营生产的困境。但是,由于流通产业企业规模普遍不大,抗风险能力不足,再加上出口转内销过程中内外产品标准不一,企业面对重重阻力。习近平总书记强调,要支持适销对路出口企业开拓国内市场。在当前保护主义升级、世界经济低迷、全球市场萎缩的外部环境下,我们必须充分发挥国内超大规模市场优势,通过繁荣国内经济、畅通国内大循环为我国经济发展增添动力,从而带动世界经济复苏。也正是因为如此,中央各部门及各地政府纷纷加大对企业金融、创新的扶持力度。流通企业应充分利用政府相关支持政策,勇于改革创新,开拓市场,正确认识双循环新发展机遇和挑战,确保企业的竞争力及中国流通产业在全球的地位。

(一)双循环视域下流通产业的发展现状

1. 出口转内销

当时我国外贸企业面临的风险挑战前所未有,如境外疫情蔓延,国际需求萎缩,外贸企业订单量下滑,但出口产品转内销的积极性上升。2020 年 6 月 22 日,国务院办公厅发布《关于支持出口转内销的实施意见》,从三个方面提出了十条政策措施:一是支持出口产品进入国内市场,包括加快转内销进程,促进"同线同标同质"发展,加强知识产权保障;二是多渠道支持转内销,包括搭建转内销平台,发挥有效投资的带动作用,精准对接消费需求;三是加大支持力度,包括提升转内销便利化水平,做好融资服务和支持,加大保险支持力度,加强资金支持。从短期看,支持出口产品转内销,是帮扶外贸企业破解内销难题、促进外贸基本稳定的应急之举。从长期看,支持出口产品转内销是促进内外贸有效贯通、充分利用国内国际双循环、培育参与国际合作和竞争新优势的长久之道。从国内消费看,国内市场需求正加快释放,为电子家电、轻工、纺织服装、农产品等出口行业提供了内销市场。从消费升级看,部分外贸企业正从传统批量生产转向个性化定制,可以更好满足国内消费升级需求。网上销售、直播带货等消费新模式快速发展,也为外贸企业打通了直接面对消费群体的销售渠道。从投资带动看,各地推进新型基础设施、新型城镇化和重大工程建设,为机械设备、电机电气设备、精密仪器等出口行业带来了新机遇。

2. 倒逼传统产业转型升级

新消费模式具有显著的数字化转型特征,是新一代信息技术对生产生活的一次融合改造,产生的影响更为深远。线上业态、线上服务、线上管理应势爆发,线上业态快速向生产生活的多个领域渗透,为在线消费、直播电商、智慧零售等新兴产业提供了应用场景,远程医疗、康养保健等领域很有可能出现新的消费增长点。

"线下体验,线上购买""线下拉新,线上复购"等体验与购买的融合模式,为零售商、品牌方注入新力量。"线上下单,门店自提""线上线下同款同价"等下单与提货无缝对接的策略,使购物过程更加流畅,从打消顾客疑虑、减少附加交易成本等方面显著提高了消费效率。随着国内的无人超市、无人货架等新零售业态的出现,对传统零售批发企业冲击巨大,再加上移动支付、数字化供应、人工智能等技术的融入,我国的零售业正在进入一个崭新的时代——智慧零售。

(二)双循环视域下流通产业的现存问题

1. 产品内外标准不同

外贸企业转内销也面临一些困难,主要是部分产品国内外标准不同。比如,出口欧美的服装尺码与国内标准不同,款式和国内市场需求也有差异,转内销时需要做有针对性的调整或改造。部分出口产品转内销往往涉及品牌商标问题,需要得到外方授权。一些外贸企业长期按订单生产,缺乏国内市场营销经验和专门的团队,品牌在国内的认知度不高。此外,转内销还面临市场结算模式的差异问题,内销通常采取赊销模式,先拿货后付款,占用资金多,风险相对较高。

2. 企业抗风险能力不足

商贸流通业是开拓市场、扩大需求、拉动经济增长的重要支柱产业。但是,商贸流通行业中,中小企业居多,它们的市场预测能力较弱,实力与抗风险能力不足,市场需求疲软。在疫情期间,商贸流通业的销售额普遍呈下降趋势,部分企业流动资金紧张,经营成本增加。而且,具备数字化能力的企业在面对疫情时比较自如,但缺乏数字化能力的企业受到的冲击比较大。

(三)双循环视域下流通产业的发展建议

1. 打通出口产品转内销渠道

商贸流通企业要主动适应国内外两个市场的经济循环系统,培育跨区域、有全球影响力的商贸物流跨国企业、数字化平台和供应链企业。要"走出去",增强在海外仓的商业存在能力。贱买贵卖,凭借大批量自营自主采购供应链,提高获取海外稀缺资源的能力。对内要凭借自营自主采购供应链理顺出口产品转内销的渠道。要依托自营自主采购供应链,切实把出口商品的流量流向与转内销商品的流量流向统筹融合起来,择机促成相互之间的切换替代,并根据重点商品的品种、流量、流向和流速,制定专门的畅销举措,以便应对复杂多变的环境,灵活利用好国内外两个市场。另外,畅通信息比畅通物流更有价值,共享协作信息既可保障消费安全,又可消除库存积压、断档脱销并存的状况。

2. 政府出台利企政策

政府应重视外贸流通企业在疫情期间遇到的困难,根据本地商贸流通企业防疫的实际情况,出台阶段性的关于支持商贸流通企业发展的利好政策,帮助中小企业渡过难关,全力支持企业健康稳定发展。在金融支持方面,引导金融机构优先对符合条件的商贸流通企业提供金融支持,特别是疫情期间提供生活物资的保供企业,适当延长这些企业的贷款期限,制定降息或贴息等贷款政策。此外,新冠疫情对实体商贸流通业,包括批发零售业、餐饮住宿业的冲击比较大,但是数字化网络的商贸流通性在持续提高,还比较活跃。在大力发展数字经济、智能经济的情况下,建议政府进一步加大力度支持数字化流通基础设施的建设,特别是智慧物流与数字化供应链平台等流通基础设施的建设。

3. 流通企业积极开拓市场

企业应充分利用政府相关支持政策,勇于改革创新,开拓市场。一是大力开拓线上市场。新冠疫情对商品消费的冲击比较大,活跃的线上消费为发展较早的网上零售和生鲜电商行业提供了机会,同时也要求传统商贸流通企业加快提升数字化和网络化发展技术水平,借助网络平台大力开展线上市场。例如,直播带货这一新的销售模式带动了销量,加速了市场的回暖。二是积极挖掘社区市场。新冠疫情期间,很多消费者负责的往往是"最后一百米"物流,这使得消费者对社区的商业需求和依赖性大大增加,使得社区成为消费者购买商品的主要渠道。我们有很多商贸企业和生鲜电商平台(包括盒马鲜生、京东生鲜、物美生鲜、永辉生活到家等)精准对接社区消费需求,销量大大增加。三是关注中产阶级和年轻人的市场。目前,"80 后、90 后"是消费主力,他们对科技、手机、智能家居行业的技术服务有很大的消费需求。

七、本章小结

综上所述,在国内大循环为主体、国内国际双循环相互促进的新发展格局下,在数字化技术赋能的环境中,流通产业的发展迎来了新的机遇,同时也面对更多的挑战。首先,政府通过制定政策引领、激励和保障流通产业的发展,流通产业基于政策明确与双循环相互促进的理念发展。在薄弱环节,政府出台相关鼓励措施,使流通产业基于财政支持和流通体系取得建设优先权;注重保护中小流通企业的生存和发展空间,为中小流通企业健康发展助力。其次,流通产业可以通过产业集聚提高产业体系整体的发展水平。通过产业集群协同创新、产业间融合发展及中心城市带动优势产业生成集聚效应达到整体产业实现"1+1>2"的效果。再次,明确龙头企业对流通产业的引领作用,即通过培育或引进龙头企业,形成龙头企业引领、其他企业"围炉取暖"的产业发展格局。然后,重视数字化对产业组织的赋能作用,实现流通创新与产业变革的深度融合。最后,保障产业链、供应链安全,提高自主创新能力,突破"卡脖子"的核心环节。

第5章　双循环视域下流通产业协同治理准则构建研究

一、协同治理准则

（1）流通产业协同治理是以优化产业结构、规范产业秩序、提高产业效率为目标，由各个治理主体协同参与，通过建立治理机制，实施一系列产业发展对策，正确处理各利益相关者之间的关系，实现权力、责任、利益的合理配置，形成科学有效的决策方式，并对各利益相关者进行合理的激励和监督，进而实现流通产业可持续发展。

（2）在以国内大循环为主体、国内国际双循环相互促进的新发展格局下，形成了多元化竞争格局，同时商贸流通体系的地位更加凸显，具有信息化、网络化、集约化和智能化等特征。流通产业作为我国的基础性产业和先导性产业，是推动实体商业转型升级、拓展消费新领域、促进"大众创业，万众创新"、增强我国经济发展新动能的基础性产业，对我国经济和社会的发展起着至关重要的作用。然而目前我国流通产业仍处于粗放型发展阶段，网络布局不合理，城乡发展不均衡，效率低、成本高等问题日益突出。流通产业治理机制也存在着监督制衡机制不完善、激励机制单一化、决策运行机制不规范、行政法规和产业政策不健全等缺陷。因此各治理主体应明确自身地位并充分发挥自身优势形成合力，在双循环视域下构建更具科学性和先进性的协同治理模式,从而促进我国流通产业的健康发展。

(3)治理主体包括形式、结构和成员各不相同的政府、企业和社会组织及公众。

(4)在公共事务管理工作中,整个管理系统一定包含多个主体,如政府职能部门、非政府组织及社会大众等,而要想保证系统稳定运转及具备良好的开放性,各个主体之间就必须互相促进并协同发展,这便是多元主体的共同治理格局。因此,在国家治理现代化的视角下,构建多元主体共同参与并协同治理的工作模式也将是必然趋势。流通产业治理的协同推进,需凝聚政府、企业、社会组织和公众的力量,共同推进流通产业供给侧结构性改革,形成"三位一体"的多元治理主体协同治理机制(见图5-1):

第一,政府应作为流通产业治理的政策供给者;

第二,企业应作为流通产业治理的关键行动者;

第三,社会组织应作为流通产业治理的倡议督导者;

第四,公众是流通产业治理的广泛参与者。

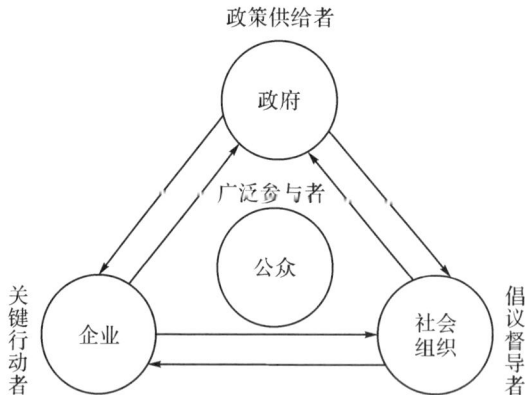

图 5-1　多元治理主体协同治理机制

(5)为响应《"十四五"现代流通体系建设规划》,"统筹推进现代流通体系硬件和软件建设,培育壮大现代流通企业,提升现代流通治理水平,全面形成现代流通发展新优势,提高流通效率,降低流通成本",应当遵循"四个坚持"原则:

第一,坚持发挥市场作用与完善政府职能相结合;

第二,坚持深化改革与扩大开放相结合;

第三,坚持促进发展与加强规范相结合;

第四,坚持立足当前与着眼长远相结合。

二、治理主体

(一)政府:政策供给者

流通产业治理是"公共事务性活动",需要多元治理主体协同参与。政府在构建治理体系上是"元主体",承担"元治理"责任,也是流通产业治理体系的规则制定者、社会组织和公众参与治理的动员者。

第一,政府部门要强调国民经济中流通产业的功能,出台流通产业政策制度,逐步完善相关的法律法规,同时明确其作为先导性产业的地位。

(1)应将流通产业政策纳入国家宏观经济政策,支持企业横向联合及对资源进行整合。

(2)应完善财政金融支持政策,积极发挥中央政府相关投资的促进作用,完善促进消费的财政政策,为流通企业更快、更好地发展提供基础性服务。

(3)应逐渐降低我国流通企业的上缴税费比例,减轻流通产业税收负担。针对不同的外部情况,采取有针对性的扶持政策,最大限度发挥财税扶持作用,完善流通产业税制。

(4)应健全推动流通产业发展的产业政策,弥补流通产业结构尚不合理的短板,推动我国流通产业转型升级。

(5)学习和借鉴各国流通产业政策,结合本国国情和实际发展状况制定相应的制度。

(6)应保证上述制度体系的有效运转,并充分发挥激励、监督、考核等治理机制的作用。

(7)应出台相应政策鼓励和引导高等院校加强流通领域的学科建设,加强对流通人才的培训,培养掌握现代流通信息化和现代化技术的专业人才。

第二,政府部门应大力规范市场秩序,制定相关的行业标准和服务规范,建立竞争有序的市场经济制度,加强促进流通产业发展的市场环境体系建设。

(1)应加强对关系国计民生、生命安全等的商品的流通管理,探索建立流通市场的长效管理机制,同时在商品流通组织形式、流通市场调控体系等方面做好宏观指导和政策引导工作。商品交易市场的规范化和法制化是流通产业高速发展的必然要求。

(2)应加强商贸流通的法治建设,为流通企业建立共同的行为约束准则,坚决打击各种商业欺诈、不正当竞争等违法违规行为,依法维护流通市场的经营秩序。

(3)应推进流通产业信用体系建设,推动行业管理部门、执法监管部门、行业组织和征信机构、金融监管部门、银行业金融机构间的信息共享,加深社会公众参与监督商贸流通市场的程度。

(4)政府部门之间应进行良好的沟通协作,细化部门职责和分工,及时收集流通领域的基础数据,确保流通产业发展规划的科学性,同时要构建流通产业战略协调机制,建立统一开放、规范有序的商贸流通市场体系。

第三,政府部门在流通产业发展的过程中应承担起相应的主体责任,明确区分市场和政府的不同职能,在尊重市场规律的同时与政府职能相结合,做到有的放矢。

(1)应大力发挥政府在市场经济中的资源配置作用,完善政府的宏观职能,同时放大市场的微观职能。

(2)应根据我国的实际发展情况,制定流通产业发展的长远规划,营造良好的流通产业发展环境,为其提供发展导向和政策支持,便于流通企业的长效发展。

(3)应对外部环境的变化迅速做出反应,在企业出现问题或市场失衡的情况下迅速纠偏。

(4)应加强对消费者市场的监督及对行业协会的监督,形成政府与市场共同监督的局面。

第四,政府部门应建立并创新流通产业治理机制,实现流通产业的持续健康发展。

(1)应优化流通产业结构,制定对策解决产业结构性矛盾。通过鼓励和支持中西部地区流通产业的发展,缓解中西部地区与东部沿海地区存在的空间结构失衡问题;通过协调流通企业规模、加深连锁化程度应对组织结构失衡问题;对于技术结构失衡可以通过加大对流通技术设备的投资力度,提高机械化、自动化、智能化水平来解决。

(2)应规范产业秩序,完善市场监管体系,维护消费者的合法权益。同时要提高企业进入流通产业的门槛,整治产业秩序,促进流通产业良性竞争,进而提高我国流通产业的竞争力。

(3)应制定相应对策使我国经济和产业发展的重点从数量转向质量和效率。通过完善和创新流通产业治理机制推动流通产业从粗放型转向集约型,从劳动密集型转向资本技术密集型,提高投入产出比,实现生产要素的有效利用,促进流通产业的优化升级。

(4)应建立流通产业治理的监督机制、问责机制和评价体系,确保自身和其他治理主体的行为规范。既要接受社会公众的监督,同时也要对其他治理主体的行为予以监督,明确问责。

(5)应建立利益相关者共同治理机制,使各相关者相互监督、相互制衡的同时有效维护各利益相关者的利益,促使其忠诚地为企业效力,为企业发展提供源源不断的动力和活力。

(6)应进一步探索和构建相容的跨区域治理协调机制,解决区域市场分割和区域发展协调问题,消除区域壁垒,提高流通产业集中度。

第五,政府部门应持续加强流通产业基础设施的建设,提高保障市场供应的能力,加强现代流通体系建设。

(1)应通过科学的规划,加大对商贸流通公益性设施建设的投入力度,还应该借鉴国外的先进经验,形成我国特有的渠道畅通、布局合理的流通网络。

(2)应在社区商业领域加大对流通基础设施建设的投入力度,为居民提供高效、便利的商业服务,方便群众日常生活所需,进而升级居民消费需求,推动流通产业高速发展。

(3)应在发展流通产业的同时,进一步推进城镇的就业和现代化发展,不断提升我国城市的国际知名度。

(4)应不断提升流通产业的效率,降低成本,从而提升流通企业的现代化水平。

(5)应将政府主管部门的管理职能转变为服务职能,让市场发挥资源配置的作用,并给予市场相应的政策支持。

第六,政府部门应加强双向流通,畅通城乡循环,形成区域流通网络,使商贸流通产业适应我国新型城镇化的发展要求,为城乡居民的生产和生活做好先导服务。

(1)应加大对农村地区、西部落后地区基础设施建设的投入力度,缓解我国流通产业存在的流通基础设施供给不足、流通网络布局不完善等短板问题。

(2)应鼓励大型流通企业在城乡不同区域设立多层次商业网点,加强质量控制,改善商业环境,提升消费质量。

(3)应加强城乡商业发展统筹,提高城乡之间产品双向流通的整合度。将城乡经营作为改革发展的关键,提升流通产业的整体素质,使之转变经营理念。

(4)应进一步完善国家级农产品流通市场网络,充分利用农产品的产销一体化模式,深化商贸流通产业的活力改革。

第七,政府部门应加强国内外市场融合,畅通国内外循环,双向促进流通企业"走出去"和外向型企业"转回来",着力支持和培养我国流通企业,以推动流通产业的发展。

(1)应做强做大国货精品,提高流通企业核心竞争力,畅通国内产业循环。既要引导国内生产企业生产国货精品,也要营造良好的商业环境,提高电商平台的参与度,从而引导国内流通企业销售精品。

(2)应积极引导企业"走出去",鼓励和倡导具有国际竞争力的流通企业通过兼并、收购、控股、承包、参股等多种形式,扩大流通企业的规模,使流通产业可以持续地做大做强。与国外市场建立合作关系,更好地适应对外开放经济新形势,加深商贸流通国际化程度。

(3)应以国内市场需求为引领,制定基于国际竞争的商贸流通产业中长期发展规划。同时也应该完善服务支持政策体系,为企业境外投资提供全方位服务,减少企业后顾之忧,畅通国内外流通网络,积极培育国内商品市场的对外贸易功能,推进内外贸一体化。

第八,政府部门应发展现代供应链,畅通供需循环。

(1)应充分利用新兴技术提高企业快速反应能力,满足消费者的需求。

(2)应大力推进供应链结构升级与创新,推动生产型供应链向消费型供应链转变,并与互联网、物联网深度融合。

(3)应加快供应链及其产业组织方式、商业模式和政府治理机制创新。

(4)应鼓励生产企业和商业企业在供应链上的合作,充分发挥流通产业在结构调整中的作用。

(5)应大力发展供应链金融,促进金融与物流和贸易结合,创新流通产业的融资方式,缓解中小流通企业融资难困境,推动流通产业模式变革。

第九,政府部门应实施技术创新驱动战略,推动传统产业和新技术深度融合,提升流通产业现代化水平。

(1)应加快制定流通信息技术规范和标准,以标准化服务、规范化经营和规模化管理为出发点和落脚点,提高信息技术系统在流通企业的普及程度,为流通企业全球化发展、实现规模效益提供技术支撑。

(2)应加大对第三方电商平台建设的支持力度,鼓励传统商贸流通企业大力发展电商和跨境电商,促进实体经济转型升级并逐步完善电商平台的交易规则。依托现代信息技术,持续推动网络销售的发展,推动社区电商和移动电商等新模式的发展。

(3)应积极推动商贸流通产业数字化转型,加快建立思路清晰、目标明确、领先国内的中小城市数字化转型整体规范,同时建构指标全面、合理可行、系统高效的商贸流通产业数字化转型评价体系。

(4)应以实用性、互动性、便利性为宗旨,建设商贸流通产业数字化分析与营销平台、商贸流通产业管理与服务平台,形成市场分析分享和数字化便捷服务体系,加强流通企业对市场和产品的把握,提高流通产业整体质量。

(5)应密切关注国外流通产业发展动向,积极借鉴国外商贸流通企业成功运营模式,结合中国国情实现流通模式创新,促进产业升级和结构调整,实现流通产业转型发展。

(6)应运用现代流通方式和先进流通技术,对传统流通组织及流通过程进行再造,建立适应现代生产和消费方式的现代流通体系。

(二)企业:关键行动者

企业是流通产业中的关键行动者,这是由企业自身的特征决定的。企业作为流通产业中的"螺丝"和"铆钉",扮演着不同的角色,包括生产者、消费者和提供者,构成了流通产业的各个重要支点。企业对流通产业的影响超越了其他行为主体,是关键的行动者,因此其应当承担起协同治理的主体责任。只有企业"向上"发展,流通产业才能实现突破。

第一,应基于协同治理理念完善公司治理架构和管理体系,提升公司治理能力和水平,着力构建定位准确、有效制衡的治理机制,加快推动流通产业高质量发展。

(1)董事会主要对流通产业协同治理的有效性负责,确保公司协同治理制度的科学性,负责企业的重大事项决策和聘任总经理。董事会可以设立协同治理专门委员会,对企业的业务活动进行有效监督和管理,充分发挥对企业经营合法性、合理性的监督职能。

(2)管理层规范企业各个阶段的运营,制定并执行科学的经营制度,确保企业各项活动符合流通产业的治理准则。管理层应专门成立协同工作领导小组和日常运营机构,制定预防风险措施,保证企业正常有序运营。

(3)企业各部门应该积极配合董事会协同治理专门委员会和管理层协同工作领导小组的工作,通过文件传达、召开会议等沟通渠道,保证信息的传递和交流。同时,企业要构建防控长效机制,保证发生突发状况时能够迅速做出反应,降低风险发生率。

(4)管理层要定期召开流通产业协同治理专题讨论会,了解各部门的工作进度,部署下一步的工作,鼓励各部门引入具备一定战略管理背景的人才。

第二,应在企业价值创造、价值传递、营销、销售等各环节进行协同治理,为企业经营者加强内部管理提供有效的指导。

(1)为应对市场竞争,应该加强供应链协同,谋求中间组织效应,在供应链层面打破企业边界,实现运营数据、市场数据的共享和交流,协同响应终端客户需求,提供更友好的产品和服务。

(2)积极构建协同生产体系,将研发设计、营销、采购等环节互串,构建数字化协同治理平台,对企业的生产设备和生产过程进行智能化改造,并适时促进其发展和推广,积极构建适用于各种场景的协同治理体系。

(3)建造良好的产业协同创新体系,切实提升产业技术基础能力,通过顶层设计统筹创新资源,合理推进流通产业持续创新发展,完善并落实创新奖励政策,营造良好的创新氛围,落实科研成果产权的奖励制度,培育一批具有自主创新能力的领军企业。

(4)培育和发展流通产业集群,加强企业间的分工合作,强化流通产业链发展的区域协同,把协同治理准则纳入考核体系,鼓励进行协同治理。

第三,应逐步培育协同治理文化,践行协同治理理念。

(1)应该将协同治理理念纳入企业目标和战略中,明确公司在流通产业中应承担的责任和义务,明确公司在协同治理方面的行为准则,培养员工的参与意识和参与能力。

(2)企业应以流通产业协同治理标准、指南或准则作为基础,对企业协同治理行为进行有效的指导。主要目的是要明晰公司协同治理的法律法规,充分利用各种资源,促进公司的健康发展,创造和谐的市场环境。

(3)把可持续发展作为企业的发展目标。企业在发展过程中,要承担协同治理的责任,改变过去以个人为中心的生产方式,关注各生产单位合作的发展模式,形成协同治理的长效机制。

第四,企业应承担在流通产业协同治理中的责任,包括对社会、经济的影响。

(1)应识别企业的决策活动对社会的影响,通过不断创新来适应社会的发展,要注重将社会效益和经济效益结合,保证企业的生产符合社会要求。

(2)应承担企业的决策对社会、经济带来的负面影响,平衡好企业和社会的关系,尽量减少消极影响。

(3)应积极改变企业的发展战略,确保资源配置合理,采取行动改善自身的协同治理绩效。

第五,企业要构建协同监督机制,接受其他主体的适当监督,做好日常监督,对监督做出及时的回应。

(1)在党委统一的领导下,建立由董事会协同治理专门委员会主导、管理层协同工作领导小组领导的监督问责机制,统一协调内部监督力量,发挥职能优势,确保协同监督目标不变、方向不偏,把握好企业的市场定位。

(2)打造一个高效及时的信息沟通平台,促进监督信息共享,从更全面、更充分的角度研判和处理问题,针对其他治理主体提出的问题一一回应,提升监督工作的系统性和整体性。

(3)发挥协同监督机制横向协同、信息互通的优势,对专项监督工作进行有效整合,集中业务部门的力量,提升专项监督工作的质量和效率。

第六,为减少给企业带来的消极影响,需要采取必要的风险控制措施,提高员工对风险管理重要性的认识。

(1)企业要遵守中立的原则,把内部控制和风险管理结合起来,公平、公正地对待所有用户,完善自身的内部控制,对风险进行有效预防,并积极应对。

(2)流通产业在发展过程中,也要对产业内部有不良信息的、存在道德风险的企业进行管理,以保证产业内优质企业的合法权益,从而形成一个良性循环,这样才能保证流通产业持续健康地向前发展。

(3)建立科学完备的流通产业协同治理体系,完善应急管理制度,配备应急情况处置物资。做好和其他治理主体的沟通,及时向社会各界公布文字规则和服务条款。

第七,建立旨在提高流通产业协同治理能力的内部控制机制,为内部控制提供有价值的信息。

(1)企业要在生产、运营、销售等各个环节建立内部控制机制,进行事前、事中和事后的内部控制,但也要关注各个环节的内部控制重点的差异性。

(2)逐步确认、探讨流通产业协同治理事项的会计确认、计量和核算,真实、准确地反映企业的协同资产、协同收入、协同成本等协同会计要素,编制财务报表,为企业实施协同治理提供有价值的依据。

第八,应该在公司的发展战略中,明确员工的协同治理责任和义务,建立相应的薪酬激励和晋升机制,激发全员参与协同治理。

(1)公司在制定发展战略时,需要将员工协同治理的要求纳入企业目标,确保流通产业协同治理目标具体化、专业化和职能化。

(2)将流通产业协同治理绩效考核纳入薪酬激励和晋升机制中,提高员工协同治理的参与度和贡献度。

(三)社会组织:倡议督导者

社会组织是独立于政府、企业和公众的第三方组织,发挥着桥梁的功能,引领、倡导、影响流通产业协同治理。一方面,和外部环境进行信息交换,加强自身建设和专业化运营能力,完善流通产业的协同治理机制;另一方面,根据和政府的关系,承接政府转移的相关职能,通过网络等形式传播政府制定的方针、政策,同时又将企业和公众的意愿传达给政府。社会组织需要发挥联系各个治理主体的功能,实现对其他主体在流通产业协同治理过程中的整合、协调、监督、维护等。

第一,应明确社会组织在协同治理中的角色,创新和完善自身的治理结构和治理机制,整合不同主体之间的关系,同时发挥自身的非营利性、公益性、独立性等独特优势,为流通产业协同治理发挥更为积极的作用。

(1)需要厘清自身协同的治理目标、规章制度等,并通过制定组织制度等方式,将协同的治理目标纳入组织的日常运行和活动中,提高公众等群体的广泛参与度。

(2)规范社会组织备案管理,从社会组织自身角度出发,发挥其在开展社会活动、促进运营活动方面的作用,同时积极参与协同治理结构和治理机制的确定工作,打造共治的社会平台,为其他社会参与主体提供可借鉴的流通产业协同治理准则。

(3)需要发挥自身优势。作为协同治理的重要组织,需要组建流通产业协同治理委员会,帮助规范市场运营秩序,制定行业流通标准,调解贸易纠纷等,在市场经济体系中发挥着积极作用。

(4)应进一步发挥行业协会等社会组织的专业优势。作为流通产业的利益代言人和维护者,积极同政府、企业开展实质性的交流,缩小各主体之间的"信息鸿沟",通过联盟等途径委派流通产业协同治理委员会成员参与事务。

(5)作为广泛联系各个社会阶层的组织,应该明晰角色定位,代表不同的利益群体,坚持自身原则,积极参与制定和实施流通产业协同治理标准,适时引导群体主体的发展方向,为其他协同治理主体提供客观、公正的信息。

第二,应积极规范自身建设。作为流通产业协同治理的重要参与者、助推者,针对社会组织的内部成员开展专业技能培训、职业生涯规划、法律法规学习等活动,提高依法依规运营的能力,增强自身的协同治理意识。

(1)社会组织的高质量发展离不开标准化建设。修改不适用的条文内容,加强配套设施建设,将行业管理办法、实施细则等条文规范化、精细化、精准化,使本行业内的社会组织有法可依。

（2）定期开展社会组织规范化培训活动,增强社会组织成员的服务意识,广泛关注社会的热点问题,发挥服务民生的精神,承担起兜底性民生民心工程任务,以独立的第三方身份参与流通产业协同治理,必要时提起公益诉讼。

（3）完善社会组织的内部治理,以规范的内治为前提,完善组织内部结构,明确各部门的职责和任务,尊重其他主体的知情权和参与权,规范开展各项组织活动,增强服务社会的自律意识。

（4）强化自身的协同治理能力,拓宽资源获取渠道,推举党建工作优秀社会组织发挥示范引领作用,成为实现协同治理价值、提供高质量服务的规范化组织,为其他社会主体树立学习标杆,以提高组织整体公信力,增强社会组织的影响力。

（5）突破思维范式,通过开展项目、提供社会服务,加强对社会组织、从事公益事业人员的宣传,鼓励公众加入基层社会组织,提升社会组织解决问题和辐射公益价值的能力。

第三,积极参与制定市场培育机制、行业协同治理准则,为流通产业的发展提供行业技术标准、经济技术政策,通过与政府、企业各方不断协商达成共识,开展目标一致的共同行动,构建和谐共治的环境。

（1）加快培育协同治理的市场意识,积极承接政府、企业等委托的发展规划工作,制定数据资源共享平台、交易流通渠道等的标准规范,推动对流通产业资源的开发和利用,完善协同治理的发展规划。

（2）积极构建流通产业协同治理评价指标体系,以独立的身份承接相关评估工作,帮助建立评价指标体系,负责日后指标体系的实施与维护工作。

（3）着力于协同治理的评价,完善监督管理措施,对政府、企业和公众等行为主体进行积极监督和反馈,优化标准制度。

第四,应该为政府、企业和公众提供权威、独立和客观的协同治理信息及咨询和建议等服务。

（1）作为第三方组织,对企业进行有针对性的场景化治理,将行业道德及相关技术标准转化为行业自律准则。

（2）对流通产业开展调查和统计工作,掌握行业最新发展动态,进行领域划分,为政府和企业提供基础性支持,从多维度把握我国流通产业的发展现状。

（3）在行业法规的引导下,积极开展活动,将企业协同治理进行具体量化,客观反映流通产业协同治理的各个利益相关者的能力与水平。

（4）发挥人才聚集优势，积极推进流通产业协同治理理念的推广和示范作用的发挥，促进政府、企业参与协同治理，成为各方在双循环视域下流通产业协同治理的黏合剂。

第五，在流通产业协同治理过程中有着自身的特点和优势，要充分发挥公益性、志愿性等专业优势，在宣传、教育和普及协同治理理念中发挥重要作用。

（1）积极举办各种形式的科普活动，如媒体宣传、知识竞答等，向公众推广协同治理理念，引领政府和企业加速构建协同治理模式。

（2）组建流通产业协同治理各主体间的委员会或联盟，通过"专题会""研讨沙龙"等多种形式，定期开展系列建设活动，切实保障各主体的需求。

（3）利用社交媒体、移动通信等多元化渠道，以解决流通产业重大问题为抓手，搭建政府、企业和公众之间的交流与合作平台，立足流通产业为政府和企业提供专业的行业信息，促进流通产业健康发展。

（4）完善内部管理制度、财务管理制度，举办线上和线下路演，资助组织或个人开展多类型协同治理活动，奖励在该领域具有突出贡献的个人或组织。

第六，应加强国际交流与合作，紧密关注重大的外交活动，协同制定具有高度普适性的协同治理协定及惠及全球范围的流通产业协同治理准则和章程，推动全球发展倡议落地。

（1）需要以国际化的视野看待问题，成立专门的国际合作组织机构，积极加强合作，以国际化的眼光了解政府和企业的国际化需求，结合流通产业协同治理的实际情况，提供具有可行性的解决方案。

（2）组织开展国内外专业技术交流与合作活动，和国内有能力的社会组织形成国际合作团队，共同了解国际化规则，帮助建立国际化思维，运用国际化的思维方式和表达习惯，参与国际合作，并获得同行的认同。

（3）培养具有创新思维的国际化人才，组建复合型、能力型、创新型人才团队，从而整合国际化的相关资源，组织专业技术知识合作，协调管理机制建设。

（4）帮助企业打造国际化品牌。社会组织可以通过国际中介组织，和多边、双边国际组织加强交流，通过合作机制提升自身国际合作能力和水平，将有中国特色的产品推向国际市场，将多方合作常态化。

(四)公众:广泛参与者

公众参与是公众主动、合法参与公共事务的过程。公众是最广泛的流通产业治理主体,可以通过提高公众治理意识、发展社会信息技术、促进公众绿色消费等建立社会公众治理子系统。通过畅通公众参与渠道,引导公众积极参与治理,可以使流通产业协同治理发挥更加显著的效果。

第一,扮演好宣传者的角色,树立公众参与流通产业协同治理的理念。

(1)要充分了解目前双循环视域下我国流通产业的发展现状和政策,使公众意识到自己是参与治理的重要主体,从而提高公众参与治理的责任感。

(2)应树立公众参与协同治理的理念,从而提高公众参与治理的积极性和主动性。

(3)应积极宣传流通产业发展政策,传播治理理念,树立正确的舆论导向。

第二,扮演好参与者的角色,畅通公众参与流通产业协同治理的渠道。

(1)应充分利用"线上"渠道参与治理,积极利用信息技术及互联网平台的便捷优势获取相关信息,在保证公众知情的情况下有效发挥主体的力量。

(2)应充分利用"线下"渠道,通过写信、走访、电话投诉等方式向有关部门反映企业违法违规等情况。

第三,扮演好监管者的角色,监督其他协同治理主体的行为。

(1)应进一步明确监管权力,规范参与监管程序,积极监督政府部门对政策的执行与落实。

(2)应积极依法监督企业,一旦发现有损于流通产业发展的违法违规行为,必须第一时间向监管部门反映。

(3)应以开放的思维、创新的思维和市场的规律为指导,以搞活流通产业、促进市场发展、最大限度维护消费者权益为出发点,为流通产业的相关政策发声、献计献策。

第四,扮演好行动者的角色,基于自身力量为流通产业协同治理贡献力量。

(1)应转变消费方式,在提高消费需求的同时规范自身消费行为。

(2)应提高自身的能力,拥有一技之长,解决就业难的问题,从而更好地为城镇化建设及商贸流通产业的发展服务。

(3)应努力掌握现代流通技术,提高流通产业专业水平素养,为缓解我国流通组织低效率困境贡献自己的力量。

第6章　双循环视域下会展产业协同治理体系的案例分析

　　本章首先从会展产业协同治理体系的研究现状入手,介绍我国会展产业的发展现状,回顾会展产业协同治理的相关文献,阐述相关治理模式中存在的问题。其次,以中国国际进口博览会(以下简称"进博会")为例,系统分析进博会的运作流程、协同治理体系中的当事人角色和权责利关系、互联网技术和双循环思维的应用,以及协同治理中存在的问题。最后,从政府、行业协会、会展公司角度提出完善会展产业协同治理体系的建议,探索互联网经济和会展经济相结合的治理理念。

一、会展产业协同治理体系的研究现状分析

(一)现状分析

　　会展产业起源于欧洲,随后在美国、日本和新加坡等国家快速发展。改革开放以来,会展产业在我国也经历了从无到有,再到快速发展的时期。近年来,我国会展产业从高速增长阶段逐渐转为中高速增长阶段,特别是贸易摩擦和逆全球化

风险的加剧使得世界经济局势动荡,营商环境的不确定性增加,都进一步减缓了会展产业的发展速度。

2022年1月,在第十七届中国会展经济国际合作论坛(CEFCO 2022)召开期间,中国贸促会发布《中国展览经济发展报告2021》。报告显示,中国会展产业在2020年的基础上继续恢复发展。据不完全统计,2021年,中国境内共举办经贸类展览2949个,比2020年增长了48.6%;展览总面积达9299万平方米,比2020年增长了27.2%。广东和上海办展数量和面积居全国各省市前两位,其中广东办展数量最多,上海办展面积最大。此外,江苏是展览馆数量最多的省份,广东展览馆总面积居全国首位。

随着经济内生性动能的恢复,全球会展经济增长态势有望延续。中国会展产业也将加快恢复和发展,稳住外贸外资基本盘。展望会展产业的发展前景,上述报告提出未来中国会展产业的发展趋势如下:

1. 双循环新发展格局推动展览产业实现新发展

一是展览产业形态将向更为多元的产业融合形态转变。二是展览产业链增值更加具有溢出效应。"展览＋产业(或城市、功能区、自贸试验区、自由贸易港等)"产业集群和展览商圈,将更加放大产业溢出效应。

2. 绿色低碳成为展览产业高质量发展方向

一是落实碳达峰、碳中和目标要求。二是绿色、低碳办展理念将实现升级。三是生态会展将推动可持续发展。展览产业将加快创办新题材展览,围绕"绿色、低碳、可持续"逐渐向新能源汽车、智能制造、环保等领域延伸。

3. 专业化品牌展览成为展览产业的发展主流

一是展览内容更加注重精耕细作。二是新兴产业类展览迎来新的发展机遇。三是新消费领域展览释放新动能。随着"00后"人群逐渐成为新的消费主体,动漫、游戏、电竞、宠物等类型的高水平专业品牌展览将快速增加;以体育赛事为主题的展览有望借2022年体育大年回暖,健身产业将成为未来展览的方向之一。

4. 境外参展和办展以加快与国际展览接轨

一是区域全面经济伙伴关系(Regional Com-prehensive Economic Partnership,RCEP)辐射区有望成为展览业国际合作的重点区域。二是双边、区域性展览进一步增多。三是展览产业"走出去""引进来"步伐进一步加快。中国展览产业将在充分引进国际重要展会、著名展览企业的同时,更加注重"走出去"战略,积极开拓国外市场,将中国展览公司、展览品牌植入国际市场。

5. 数字展览造就未来展览产业发展新业态

一是线上线下融合成为展览产业发展新模式。二是展览场馆智能化建设成为新方向。三是数字化展览信息平台搭建新渠道。展览企业将进一步充分利用5G、云计算、大数据等技术助力现代展览产业新发展。

(二)文献和理论基础

当前,随着全球产业链加快重组,服贸业发展步入深度调整阶段。会展产业作为一种具有文化性质的经济服务型产业,已成为促进经济发展、维护经济秩序、引导经济结构转型、带动经济生产效率的重要载体。当今国际会展产业发展已相当成熟,尤其是以德美为代表的欧美展览产业不仅历史久、水平高、规模大,而且已形成富有自身特色的发展模式。(上海研究院项目组,2019)

但是,放眼全球,新一轮科技革命与产业变革的浪潮也正在席卷全球。伴随美联储的持续加息,世界经贸面临发展困境,迫使全球产业格局处于深度调整阶段。这些不利因素不仅给全球会展产业蒙上一层阴影,也对处于关键发展阶段的中国会展产业带来严峻挑战。当前关于会展产业协同治理的相关研究主要集中在治理架构和体系、治理模式、存在的问题等几个方面。

1. 治理架构和体系

当前会展产业发展相对成熟的区域多集中在发达国家和地区,这些国家和地区的会展产业历史悠久、规模大、专业水平高。例如,全球几乎近一半的会展和市场都在欧洲。依据《中国国际进口博览会发展报告》,欧洲是会展产业发展的起源地,共有三大会展大国。一是德国,全球三分之二的专业性展览都在德国举办。二是英国,英国培育出像励展集团、蒙哥马利展览集团这样的世界知名跨国展览公司,获得了相当可观的投资回报。三是法国,近年来法国每年举办1400多场展览和100多场博览会,其中专业性展览有120多个。在北美地区,美国已迅速发展为一流会展产业强国,举办会展的数量和收入均为世界第一。近年来,每年平均净展面积高达4600万平方米,参展商人数达到120万。进一步地,美国会展行业各领域都有全国性的行业管理机构,基于市场对政府、企业和消费者进行协调,促使会展的运营非常灵活,如国际展览管理协会、美国专业会议管理协会等。在亚洲,日本、新加坡和中国香港的会展产业也十分发达。这些发达国家和地区的会展产业发展,普遍具有以下特点:一是政府支持但较少干预。政府普遍在税收、土地使用、招商引资和场馆建设中给予支持政策优惠和经济投入,同时为企业出国参展提供经费支持,但很少直接参与会展的日常组织和管理工作。二是强调管理制度化和人才专业化。发达国家的会展产业普遍构建了配套的专业人才培养体系,涉及短期培训、职业教育、理论学习等,通过高校、行业协会和会展行业公司等有效协作和分工,对不同岗位的职责和培养进行明确,形成了与会展产业发展相适应的特色教育体系。另外,发达经济体的会展产业普遍注重应用互联网和信息技术。例如,会展公司通过互动平台共享展会动态,帮助参展商高效整合客户资源、管理销售、服务市场等。此外,借助智能监控、智能讲解等互联网技术的应用,大大提升了展会的智能化水平和办展效率。

进一步地,刘平青等(2018)提出,一个完整的会展产业生态系统(见图 6-1)包括两部分:一是由组展商、参展商、观众及功能性服务提供商所构成的会展供应链(生物部分);二是由政府和行业协会所提供的政策、法律、金融、基础设施等外部条件(非生物部分)。首先,生产者是会展产品的提供者,它不仅包括主办方(政府、行业协会和企业)和直接提供会展产品的组展商,还包括为参展商和观众提供额外服务的功能性服务提供商(物流服务商、运输代理商、展台搭建商等);其次,消费者即参展商,作为组展商的消费者,租赁场地及相关设备等;最后,观众作为参展商的消费者购买参展产品、洽谈合作等,另外观众是影响参展商是否再次参展的重要因素。三者之间相互作用、相互影响,使会展供应链系统不断优化,以实现用户价值和服务增值。除此之外,会展供应链的不断完善需要获得信息、资金、技术等方面的持续支持,而这需要政府和行业协会在政策、法律法规、基础设施、金融服务等方面提供外部支持,从而使得会展产业成为一个具有自我调节功能和共生关系的有机整体。

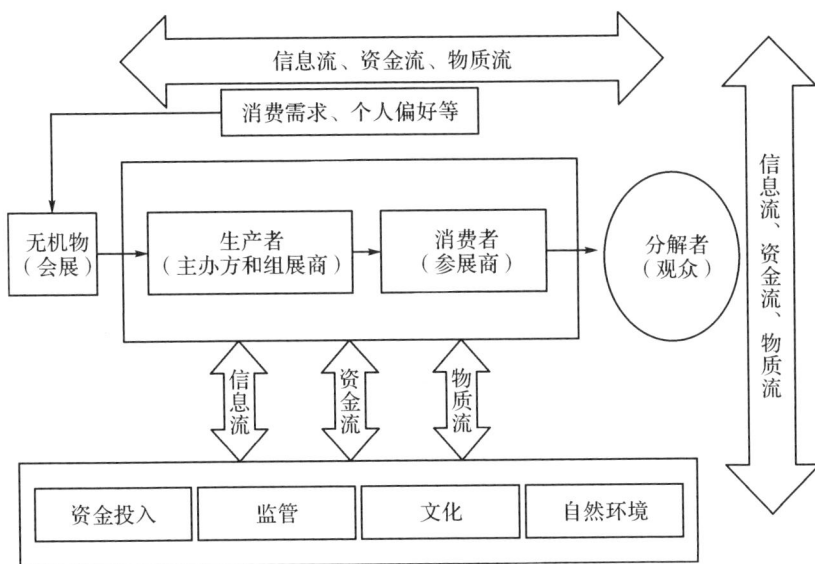

图 6-1 会展产业生态系统

资料来源:刘平青等(2018)。

会展产业的发展过程中,有两个十分重要的治理主体,即政府和行业协会。在多数国家,会展产业的组织、管理和运营均由二者之一或二者共同负责,因而,厘清政府和行业协会在会展生态系统中的协同关系和权责利定位就显得尤为重要。宋腾(2018)以广州、深圳、东莞三地的会展行业协会为例,探索了会展行业协会的治理架构、会员和经费等建设情况。他发现政府主要通过法律法规和行业政策对会展行业协会进行宏观调控,而行业协会一方面通过反馈利益诉求寻求政府的扶持,谋求改变外部环境的宏观调控政策,另一方面通过平台建设和内部协调影响会展企业的微观决策,且在此过程中行业公约和协会章程起着重要的治理作用,如图 6-2 所示。

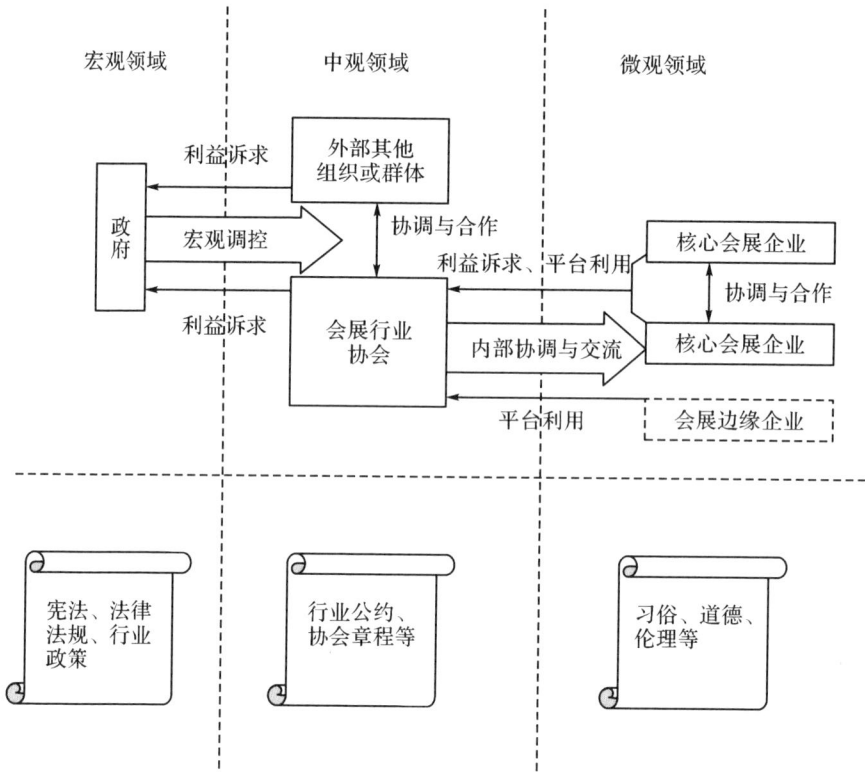

图6-2 政府、会展行业协会和会展企业的利用协调关系模型

资料来源:宋腾(2018)。

2. 治理模式

关于会展产业的治理模式,学界存在较多探讨。一般而言,会展的治理主体有政府、行业协会和企业,根据主体发挥治理作用的大小,可以将治理模式归类为市场主导型(如美国)、政府市场结合型(如德国)和政府主导型(如中国)三种。(刘平青等,2018;邓兴利,2019;杨玉英等,2019)表6-1总结了三种会展产业治理模式的情况。

(1)市场主导型治理模式。所谓市场主导型治理模式,主要是指以协会作为核心主体,实施以协会自主管理的模式(见图6-3)。(邓兴利,2019)刘平青等(2018)、邓兴利(2019)认为,由于全球多数国家会展行业发展得并不成熟,协会力量相对薄弱,自主治理能力不强,采用市场主导型治理模式的国家和地区仍比较少。

表 6-1 会展产业三种治理模式比较

治理模式	特点	代表国家
市场主导型	会展供应链完善,政府间接扶持,市场自由度高	美国
政府市场结合型	政府和协会协同管理,兼顾市场和宏观调控	德国
政府主导型	政府力量强大,市场管理以宏观调控为主	中国

资料来源:刘平青等(2018)。

该模式比较典型的案例是美国农业会展产业模式。该模式的主要特点为:一是政府提供产业规划、行业统计、政策法规等方面配套服务的支持,但不会直接介入会展的具体管理;二是由专门的会展行业协会执行管理和运营职能,这些会展行业协会有着专业的管理制度、人才储备和技术支持,能够有效协调行业内外关系,在各方主体之间享有较高的权威。因而,会展公司的日常经营和进出比较自由,无须专门的政府部门审批和管理,而是由会展行业协会负责协调和规范。

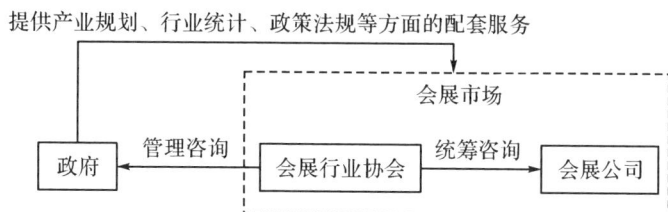

图 6-3 市场主导型治理模式

资料来源:邓兴利(2019)。

(2)政府市场结合型治理模式。在部分国家的会展产业治理中,政府和行业协会分工协作、关系紧密,对会展产业进行协同治理,此时可以将这种模式称为政府市场结合型治理模式,如图 6-4 所示,其中典型的例子就是德国的展览产业模式。该模式的主要特点为:一是政府并不设立专门的行政管理机构对会展产业进行直接管理,而是与行业协会协同治理,协会承担着政府授权的大量管理职能;二是政府主要承担宏观法律和基础设施配套服务的部分管理职能,例如出台相关的法律法规、加强基础设施和会展场馆建设等;三是企业须加入行业协会,协会承担着较强的管理权限。例如德国经济展览和博览会委员会对德国会展市场进行统一的协调管理,并向企业或政府提供资质鉴定、行业标准制定、行业数据分析和管

理咨询等服务。(刘平青等,2018)

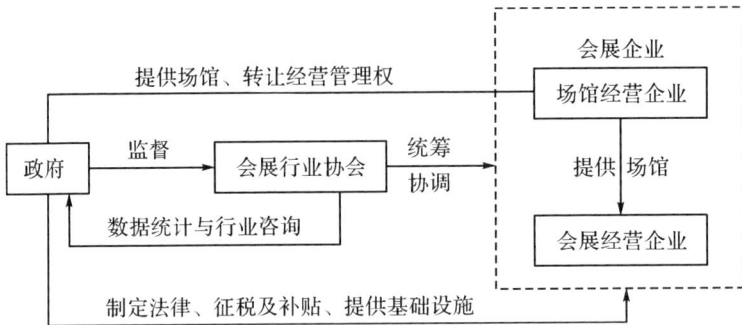

图 6-4　政府市场结合型治理模式

资料来源:刘平青等(2018),邓兴利(2019)。

　　《中国国际进口博览会发展报告(No.1)》进一步详细地分析了德国会展产业的发展模式和经验。该文将德国会展发展产业模式归结为四个特点:一是注重开拓国家市场。政府以"全球办展"为导向积极开拓国际市场,并在"官方出国参展计划"框架下推出财政拨款等措施,鼓励企业出国参展。二是强调会展的精细化和专业化分工。不仅通过专业化的高校培养体系输送会展相关人才,还强调利用行业协会开展专业人才培训,并组织考核和授予职业资格等工作。三是强调会展的品牌化建设。在 2014 年世界商展 100 强排行榜中,前 10 位知名商展中德国就占据了 6 席,前 20 位中占据了 15 席。四是强调绿色理念和互联网手段,坚持"绿色、健康、节能、环保"主旨,引领世界会展产业生态化的整体潮流。例如,在场馆设计和材料运用上加入大量环保元素。同时,通过构建完整和系统的会展信息网络体系,方便展会信息的搜集、加工和应用,通过线上信息数据库实现在线交易。

　　(3)政府主导型治理模式。在发展中国家特别是新兴市场国家,由于会展产业起步较晚,政府为推动国内会展产业快速发展,往往会强势主导会展产业的发展过程,设置专门的行政部门进行直接管理,这种模式一般称为政府主导型治理模式,如图 6-5 所示。中国很多地区的会展产业,通常呈现出明显的政府主导特征。例如,政府通常会发布相关法律法规来规范会展行业秩序。另外,政府通常借助行政政策和财政政策等鼓励地方办展、企业参展,进而带动当地的会展产业发展。除此之外,政府通常还投身于会展产业基础设施建设,如大部分展馆都由政府投资建设,即便场馆外包给公司经营管理,但所有权仍归属于政府。(邓兴利,2019)

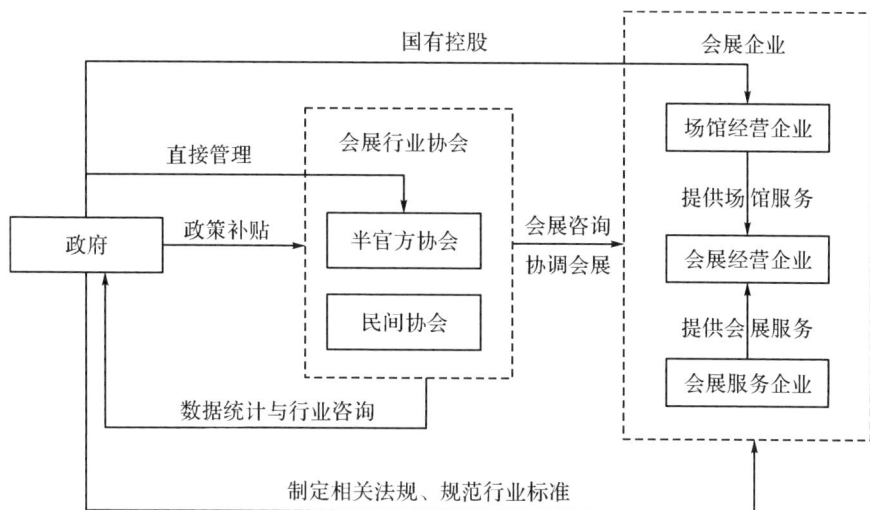

图 6-5　政府主导型治理模式

资料来源:刘平青等(2018),刘兴利(2019)。

事实上,虽然近年来中国会展产业的行业协会的功能在逐渐扩大,但行业协会的运营和职能发挥仍频频受制于政府。宋腾(2018)以广州、深圳、东莞三地的会展行业协会为例,发现虽然行业协会基本上建立了完善的组织结构,但行业协会的实际组织运作却不顺利,仍存在政府人员兼职管理的情况。例如,会展行业协会大多建立了以理事会为核心的法人治理结构,以会员大会作为最高权力机构,选举产生的会员代表大会,行使会员大会赋予的决策权力。理事会、监事会、秘书处由会员代表大会选举产生,并分别作为决策机构、监督机构、执行机构发挥自身作用,秘书处之下根据各自协会的特点设立办公室、联络部、项目部等。具体如图 6-6 所示。

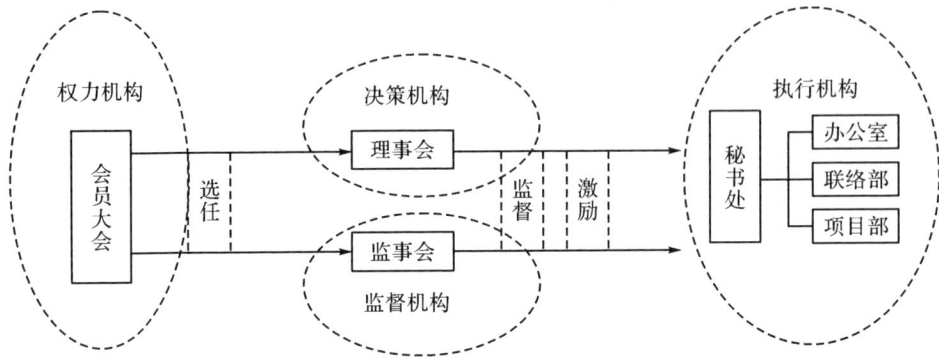

图 6-6　会展行业协会内部治理结构框架

资料来源:宋腾(2018)。

然而,表 6-2 表明,会展行业协会的会费大多由政府专项资金资助,或通过为政府提供有关服务获得,通过企业服务和捐赠获得的比例和渠道明显偏少。显然,会展行业协会的管理中仍有政府的影子,尚没有形成有效发挥自主管理、有效协同的治理局面。

表 6-2　广州、深圳和东莞会展行业协会经费来源

会展行业协会	会费/元	每年经费来源
广州市会展业行业协会	约 150 万	政府专项资金经费申请,为企业提供服务获得
深圳市会议展览业协会	约 85 万	为政府提供有关服务获得
东莞市会议展览业协会	约 28 万	为政府提供有关服务获得及企业捐赠

资料来源:宋腾(2018)。

(三)存在的问题

部分研究分析了我国会展产业发展现状中存在的问题,主要可以归类为会展行业协会自身问题和政府职能发挥两部分。

其一,宋腾(2018)以广州、深圳、东莞三地的会展行业协会为例,发现会展行业协会的组织管理中存在不少政府兼职管理的现象。杨玉英等(2019)分析了我国会展产业的发展历程,提出我国会展产业存在区域差异进一步扩大、管理体制不健全、全国性协会缺乏等自律方面的问题。还有研究(张晓明等,2016;徐雅昆等,2011;李志勇等,2012)通过分析德国、英国伦敦、中国香港等地的会展经济,对比了我国内地会展经济的现状,提出我国内地会展产业发展缺乏统筹规划与宏观调控、规模效应和国际品牌效应、人员专业技能与管理水平、专门为会展服务的专业服务公司和会展产业管理协会等一系列问题。(辛宏艳,2006)

其二,也有研究指出政府在会展产业的发展过程中起着重要的扶持和指导作用,但也存在干预过度等问题,如一些协会过度依赖政府,其服务职能的发挥主要通过为会员提供基本信息及为政府提供专业化服务来实现,其协调职能的发挥则受制于政府。(宋腾,2018)另外,政府主导也不利于会展产业的市场竞争。(杨玉英等,2019)

事实上,我国会展产业存在的上述问题,很大程度上与政府主导型治理模式有关。因此,有研究对政府主导型会展治理模式进行了深入分析,通过探索其他国家和地区的类似模式,为中国的会展产业发展中存在的问题进行"把脉"和"开药"。例如,张琳琳(2017)总结了德国和新加坡政府在会展产业中的主导作用。德国政府通过设立直接的管理机构,以及提供完善的会展配套设施及服务等推动所在地区的会展产业发展。同时,政府建设的展览配套设施设计科学、硬件齐备,并且十分注意可重复利用和便捷性。首先,德国政府通过设立展览产业委员会作为主管部门对整个会展产业进行统一管理。委员会要负责对整个行业进行宏观调控,协调各个部门和行业协会的交流和沟通活动,但不直接参与会展的具体组织运作。其次,委员会还要负责会展数据库建设、出版和发布会展指南,并提供与会展相关的咨询和培训等服务。这样,在展览产业委员会的统筹安排下,德国会展产业在发展过程中可以有效避免低效竞争、多头办展的混乱局面,进而出现了一批达到专业水平的会展企业,如法兰克福展览公司、慕尼黑展览公司和柏林展览公司。

除此以外,新加坡政府在会展中的作用也得到重视。虽然新加坡政府在会展产业的发展中起着重要的主导和推动作用,但通过改变政府职能,从淡化行政职能、倡导市场化运作出发,构建了比较完善的会展产业规划和公共服务体系。例如,新加坡政府对会展产业的发展规划往往体现以下几方面的战略思维:一是市场化战略,政府不直接参与会展的具体运作;二是专业化战略,强调提升会展的专业水平,确保会展内容专业和人才储备分工明确;三是品牌化战略,通过引进发达国家会展产业的先进理念和前沿管理技术,与国际会展巨头合作等方式,提升本地会展的品牌价值;四是国际化战略,利用新加坡地理位置和文化包容的优势,提升会展产业的国际化水平。(张琳琳,2017)

二、会展产业协同治理结构及机制建设:以进博会为例

随着互联网技术的发展,博览会作为会展经济的重要表现形式和表达平台,正受到理论界和实践界的高度关注。郝宇彪等(2019)指出,博览会通过为创新产品、创新技术、创新理念等提供营销交流服务、实体展示、专业会谈等一系列平台化活动满足供求双方的需求,使供求双方在一个主题性、集聚性的时空节点下彼此联系,这就是典型的借助互联网技术实现资源高效集成和配置的平台化运作方式。博览会通常有主办者、参展商、观展者三者参与,以定期或不定期的产品与服务展示、技术交流和信息交换等形式进行,实现推动参展商和观展者交流洽谈的目标,因而具有以下典型特征:一是博览会不仅集中展示有形产品,还可以为服务业提供交易平台;二是博览会是一种开放的纵向平台,买方与卖方可以自由进入平台,且博览会通过提供具体场所将双方联系到一起,促成交易的达成;三是博览会具有成员外部性,参展商、消费者和观众的数量和质量是影响博览会参与者层次的重要因素,博览会的整体服务水平会因高水平和数量众多的厂商和消费者而得以提升,进而提升交易总量。基于此,本部分着重以进博会为例,分析进博会中的协同治理体系,并提出相应的优化建议。

(一)进博会组织架构与展会概况

2017年5月,中国国家主席习近平在"一带一路"国际合作高峰论坛上宣布,中国将从2018年起举办进博会,同时指明举办进博会是中国政府坚定支持贸易自由化和经济全球化、主动向世界开放市场的重大举措,有利于促进世界各国加强经贸交流合作,促进全球贸易和世界经济增长,推动开放型世界经济发展。2022年进博会已经行至第五届。五年来,进博会已经成为中国构建新发展格局的窗口、推动高水平开放的平台、全球共享的国际公共产品。

2018年11月,中国首届进博会在上海举办,主办单位为商务部和上海市政府,合作单位则包括世界贸易组织、联合国贸易和发展会议、联合国工发组织等国际组织,会议由中国国际进口博览局和国家会展中心(上海)有限责任公司承办。①依据中国国际进口博览局发布的《2018中国国际进口博览会企业商业展展后报告》数据,中国首届进博会企业商业展分设七大展区,包括一个服务贸易展区,以及汽车、智能及高端装备、消费电子及家电、服装服饰及日用消费品、医疗器械及医药保健、食品及农产品六个货物贸易展区。展览面积总计27.0万平方米,参展企业包括来自151个国家和地区的3617家企业,现场意向成交额达到578.3亿美元。其中,有58个来自"一带一路"国家的1153家企业参展,其展览面积占展览总面积的16.4%。企业分布中,来自亚洲地区的企业占比最多,达到46.7%;欧洲其次,达到28.8%;然后是美洲,占14.6%,以及非洲和大洋洲分别占5.1%和4.8%。进博会吸引了75家世界500强企业和145家行业龙头企业参展。特别是1793家展商带来5446件尚未进入中国市场的产品及服务,其中有101件具有代表性的先进产品、技术或服务为全球首次公开展示,还有476件为首次在中国大陆地区展示。另外,中国首届进博会吸引了大量专业观众,共有39个交易团592个交易分团参会,包括40余万境内人员注册报名。报名单位中企业占比达到85.0%,且企业人员中85.0%是采购、销售和管理人员。上述数据表明,中国首届进博会的商品和服务实现了"质"与"量"的兼顾,有力促进了中国对外贸易的交流和发展。

2019年11月,商务部和上海市政府举办了第二届进博会。依据中国国际进口博览局和国家会展中心(上海)发布的《2019(第二届)中国国际进口博览会企业商业展展后报告》,第二届进博会共有181个国家、地区和国际组织参会,3800多家企业参加企业商业展,超过50万名境内外专业观众注册参会,展览面积达36.6万平方米。同时,交易成果丰硕,按一年及以内计,累计意向成交额达711.3亿美元,比首届增长了23%。其中,56个"一带一路"国家的1155家企业、40个最不发达国家的171家企业、G20相关国家的1909家企业、上海合作组织相关国家的514家企业及金砖国家的209家企业参展。同时,全球众多知名企业也来参展,包

---

① 本部分数据来自进博会网站,https://www.ciie.org。

括 288 家世界 500 强企业和行业龙头企业。特别是进博会带来的前沿技术、产品和服务,更好地满足了人民美好生活需要和企业技术进步需要。此次,新产品、新技术、新服务超过 400 项,很多是"全球首发、中国首展",如高速公务船、高附加价值系列美容液、帕博利珠单抗注射液、新一代氢燃料电动车等。在观众注册人数方面,第二届进博会超过 50 万人,远超过首届,采购商国际化程度进一步提高。

除此之外,《2019(第二届)中国国际进口博览会企业商业展展后报告》还显示,第二届进博会期间,共举办 380 多场配套活动。这些配套活动主要包括以下几类:一是政策解读类。展会期间,国家各部委、各地政府、研究机构等开展形式多样的政策发布、权威分析、深度解读、趋势研判等活动,提升活动的权威性。其中,国家各部委的政策解读类活动共有 12 场,如工信部举办"2019 智能科技与产业国际合作论坛",民政部举办"2019 中国康复辅助器具产业创新大会",中国国际贸易促进委员会、海关总署举办"新时代扩大进口与贸易便利化高峰论坛",国家药监局等举办"中国药械监管政策交流会"等。二是对接签约类。展会支持采购商、重点参展商、组展机构、支持单位等举办需求发布、供需对接、签约仪式、行业论坛、营商环境推介、省州合作交流等活动,促进展会成交量提高和贸易与产业对接。三是新品展示类。支持世界 500 强、行业龙头企业及其他参展企业,举办新产品发布、新技术推广、新服务展示、品牌推介等多种形式的活动,将进博会打造成新品首发地。展会期间,新品发布平台共组织 53 场发布活动,推出多项新产品和新技术。四是研究发布类。展会支持世界贸易组织等国际组织,科研院所、高等学校等研究机构,以及各类智库和专业机构,举办与进博会主题相契合的年度报告发布、研究成果分享、科研主题论坛、官产学研对话等活动,提供智力支持。除以上四大类活动外,配套活动还包括如参展国别地区推介类活动等。例如,世界贸易组织举办《2019 年世界贸易报告(中文版)》发布会,联合国工业发展组织举办《年工业发展报告 2020》发布会,世界知识产权组织举办"打击侵权假冒国际合作论坛"等。

(二)进博会协同治理体系分析

1. 进博会协同治理的角色定位和分析

(1)政府的治理角色。依据 2019 年《国务院办公厅关于成立中国国际进口博览会组委会的通知》,进博会由商务部和上海市政府共同主办,主要负责进博会主场外交、国际展览、国际论坛等各项工作任务。其中,商务部负责邀请有关国家组团组展,邀请相关国际组织与会,协调各地、有关部门组织交易团与会采购,洽谈合作等工作;上海市人民政府负责安全保卫、嘉宾接待、交通等城市服务保障工作。因而,中国政府在进博会运作过程中扮演了至关重要的角色,既是会议的发起者,又是会议的主导者。依据《中国国际进口博览会发展报告(No.1)》(上海研究院项目组,2019),首届进博会期间中国政府出台了一系列有利于进博会运作的创新制度,如涉及改善营商环境的外商投资法,涉及基础性制度建设的自贸区建设、上交所设立科创板和注册制改革,涉及地区发展战略的长三角一体化等。同时,在进博会对外招展方面,主要借助中国驻外使领馆,通过官方或非官方渠道,联系所在国支柱产业排名前列的企业,向其阐明中国的进口意愿和相关政策,邀请对方积极参展;在对内招商方面,通过各省、市政府动员和组织在当地支柱产业排名靠前的商贸企业前来采购。作为会议的主办单位,上海市人民政府更是扮演了重要的主导和支持角色。上海市人民政府主导建设了"6天+365天"常年展示交易平台,线上平台实现了商品在线展示、交易线上撮合、解读政策法规等功能。展会期间,上海市16个区集中发布了为首届进博会客商定制的45条特色参观路线和30场投资促进活动等。

(2)承办单位的治理角色。进博会的承办单位是中国国际进口博览局和国家会展中心(上海)有限责任公司。其中,中国国际进口博览局于2017年成立。目前该机构尚没有设立官方网站,其在进博会中承担的职责和治理角色的相关资料也比较缺乏。依照商务部的信息,中国国际进口博览局是根据党中央、国务院批准的《中国国际进口博览会实施方案》,经中央编办批复设立的商务部直属公益二类事业单位,注册地点在上海,主要职责是牵头落实进博会实施方案,受委托承担组织招展和招商具体工作,参与进博会期间重要会议论坛的组织工作,负责国家展区布展等工作。国家会展中心(上海)有限责任公司是另一个承办单位。依照该公司官方网站信息,该公司主营业务包括以下几个方面:一是展馆及配套设施投资,如投资建设集展览场馆、综合配套设施、后勤保障设施于一体的会展综合体;二是展馆运营管理,如会展综合体日常运营管理、会展场地出租等;三是会展开发经营,如主办、合办和承办境内外展览、会议和大型活动等;四是会展综合配套服务,如经营管理办公及配套商业服务设施,以及展台搭建、广告设计、展览咨询、出版资讯、电子商务、仓储物流、餐饮服务等。

中国国际进口博览局和国家会展中心(上海)有限责任公司作为承办单位,负责拟定办展方案,承担进博会的招展、招商、布展、现场组织、管理服务等具体工作。依据《中国国际进口博览会发展报告(No.1)》,承办方统筹和组织了以下几方面工作:一是交易团组织工作,例如,根据海外参展商的需求,邀请有意愿对接的采购商进行商谈,促进精准对接。二是提前促进供需双方的交易对接。一方面,及时向贸易团反馈国内企业的进口需求、提供参展企业信息,努力利用网络对接等新模式促成重点展商、采购商的交易达成;另一方面,引导各地明确招商目标关键点,并结合市场需求和行业特征确定参展企业和参与人数,动员进口代理商、经销商、批发零售商、生产和服务公司积极参与采购,提前做好供需双方交易促进工作。三是组织各种配套活动。在进博会期间安排了100多项配套活动,针对不同行业和领域进行政策解读。

另外,承办方将互联网技术和思维融入进博会的展览模式,实现了"互联网经济＋会展经济"相结合的发展模式。例如,进博会推动了人脸识别、大数据平台等先进互联网技术在展会管理中的运用。同时,鼓励会展企业运用互联网技术进行管理创新,整合客户和供应商等各类资源,提高企业集约化管理水平。另外,国家会展中心(上海)有限责任公司在场馆建设和展会设施建设方面也强调通过新型技术手段实现场馆智能化和绿色化。

(3)参会协会和企业的治理角色。首届进博会参展企业包括来自151个国家和地区的3617家企业,40余万境内人员注册报名,其中报名单位中企业占比达到85.0%。显然,进博会的企业展以企业为主体,旨在促成买方和卖方交易的达成。对于卖方即参展方而言,遵循自愿原则,可以自由报名和参展。其参会信息的获取渠道可能包括以下几种。一是受到中国使领馆的直接邀请,或者使领馆通过所在国行业协会邀请。二是本身与中国进行较多的出口贸易往来,有直接的渠道。三是包括媒体和网络在内的其他渠道等。相对而言,国内买方也存在一些问题。《中国国际进口博览会发展报告(No.1)》指出,首届进博会的很多名额分配给各省、自治区、直辖市、计划单列市及新疆生产建设兵团交易团(各地方交易团)、中央企业交易团等,对于这些机构来说参加进博会不单单是经济目标驱使,还是一项政治任务,这就导致很多真正具有采购需求的企业尤其是中小企业却没有参展机会。另外,普通个体也难以进入会展中心。虽然进博会提出了"6天+365天"常年展示交易平台,但是平台与普通消费者之间还存在一定的距离。因此,进博会在"政府搭台、企业唱戏"模式下,仍需进一步提升企业交易的市场化属性,在提高受众基数的同时,扩大进博会的影响力。

2. 进博会协同治理的机制和技术手段分析

进博会涉及的治理主体包括商务部、上海市人民政府、国家会展中心(上海)有限责任公司、外方参展商、外方会展行业协会、国内采购商和交易团、专业观众等等。这些治理主体按照"政府引导、市场运作、企业决策"的协同治理机制共同参与了进博会的运作。其一,"政府引导"是指政府承担着进博会发起者和主导者的角色,进博会的主办方直接为商务部和上海市人民政府。同时,《国务院办公厅关于成立中国国际进口博览会组委会的通知》显示,进博会组委会主任和副主任分别为国务院副总理、商务部部长、上海市市长等,委员名单则囊括了中宣部、外交部、发改委、教育部、科技部、工信部、公安部、民政部等多个部委及协会和省市的高级官员。同时,组委会办公室负责研究提出进博会总体方案及实施方案,落实组委会相关决定,协调筹展办展过程中的具体事务,定期向组委会报告工作进展情况。显然,政府不仅为进博会的发起和运作提供政策扶持、基础设施和服务,还直接决定了进博会的运作流程和具体事务。其二,"市场运作""企业决策"是充分发挥市场机制的决定性作用和有为政府的有机结合,集中体现为采购商和参展商在交易达成过程中的市场化。政府更多的是提供信息服务和咨询服务,消除交易过程中的信息不对称和制度落差风险,充分尊重和发挥价格机制的作用,不直接干预交易双方的交易意愿。

进一步地,进博会尝试将会展经济和互联网经济相结合,借助互联网视域提升会展经济中有关治理主体的协同合作水平。进博会一定程度上是贸易网络平台与实体贸易中心相结合的线下+线上综合交易平台。《中国国际进口博览会发展报告(No.1)》提出,通过打通线上交易平台和线下实体运作,国外供应商和国内采购商有望实现商务洽谈、交易达成,也可以实现贸易融资、信用评级、咨询服务和保险通关等附加服务。特别是,首届进博会期间,国内知名电商平台发挥了重要的作用,一定程度上弥补了行业协会的不足。例如,阿里巴巴作为中国国际进口博览局授权的招展合作伙伴,邀请了200家世界顶级品牌商家参与进博会;同时,当时阿里巴巴计划在未来五年帮助全球商家将其商品进口到中国,完成2000亿美元的采购额,这有助于推动国外商家借助互联网和数字化手段进入中国市场。除此之外,苏宁云商积极协助海外合作伙伴进入中国市场,同时苏宁易购派出了500人的采购团,集中进口生鲜和快消品类商品。

3. 进博会协同治理中存在的问题分析

进博会期间,政府、承办方、参会企业作为三类重要的治理主体,各司其职,相互协同,有力保障了进博会的顺利推进。然而,在进博会治理主体的协同过程中,也存在着政府主导过度、协会功能缺失、企业进出不畅等问题。归结起来,主要还是政府主导型会展治理模式所导致的专业化、市场化和国际化不足。

第一,政府主导型会展治理模式下,由于政府自身资源有限,且难以充分调动社会和市场要素资源,自然在展馆资源和受众面上存在诸多局限,从而很大程度上影响了展会成交额。例如,首届进博会的门票没有对普通观众发放出售,仅少量观众得以参观,这极大地限制了进博会的社会影响力和参与各方的交易热情。

第二,从进博会组委会构成名单可知,政府对进博会十分重视,组委会成员所在单位基本囊括了国务院的各大部委。然而,行政重视容易导致运作效率低下,如存在多头审批和扯皮现象。展会审批机构多样化和审批程序烦琐化导致展会准入困难,影响办展单位与参展商的积极性。进一步地,多头监管也容易影响政府监管权威性。例如,王诚等(2018)发现,2016年召开的中国国际高尔夫球博览会在展会申请阶段,办展方已经按照展会审批机构的要求提供了相应材料并得到许可,但是在举办之前又被公安机关以安全问题否决,这显然是对政府监管权威性的伤害,也是对办展单位及参展商利益的侵害,充分暴露了多头监管、缺少协调的弊端。

第三,政府主导型会展治理模式下,难以对产品和服务质量进行有效监管,也难以有效解决侵权和纠纷事件。以进博会为例,国外参展商和国内采购商大多是受政府邀请的,如果双方在产品和服务交易过程中出现纠纷,则很容易将问题牵扯到政府,而政府又往往没有专业能力和精力处理此类问题,或者说解决此类问题不在政府职权范围之内,这就容易影响进博会的声誉和影响力,不利于包括进博会在内的会展经济持续做大做强。另外,行政监管的滞后性也难以保障参展商的权益。当参展商品出现质量问题时,倘若执法部门对于展商展品的监管依旧是采取发现问题再解决问题的传统模式,那么会导致厂商的维权十分困难。基于进博会的国际性特点,大量境外展商前来参展,如发生侵权纠纷,尽管理论上我们有充分法律依据可追究其责任,但是展商在展会结束后就已经离开,追究其责任难度极大。(王诚等,2018)因而,大量专业技能人员事中进行及时有效的监管和处理十分有必要,但这一职能不应交给政府。

三、完善会展产业协同治理体系的建议

基于上述分析,本部分对会展产业协同治理中存在的若干问题提出如下相应建议。笔者认为,中国会展产业协同治理的改革方向,应该遵循"政府参与理念从管控转变为服务、行业协会从弱势成长为中坚、企业从响应号召到自主参与"的转变思路。在上述治理主体职能转变的过程中,同时需要充分发挥互联网技术和数字经济的作用,实现会展经济互联网化的发展,具体建议如下。

首先,结合中国国情和经济体制特点,中国的会展产业发展既要发挥社会主义制度集中力量办大事的优点,也要充分尊重市场机制在资源配置中的决定性作用。因而,中国会展产业的发展模式应该从当前的"政府主导型"向"政府市场结合型"转变。《中国国际进口博览会发展报告(No.1)》也指出,要形成由会展管理部门主导、会展行业协会引领、会展企业自主参与的局面。因此,需要明确政府、行业协会及企业三者之间的各自定位和关系。政府应逐步退出会展的直接管理,鼓励行业协会与企业自主管理,实现政府指导、行业协会监管和企业自律的新型发展模式。

具体而言,政府一方面要强化相关制度、基础设施的配套服务,如完善会展相关的法律法规,建设与会展经济相适应的交通设施和资源配置,对会展场馆建设和举办会展进行必要的金融和财税支持,以及做好会展城市的投资和宣传工作等。另一方面,政府应当从会展的具体运作、参会企业邀请、侵权和纠纷等直接管理事务中"抽身"。原因在于,政府往往没有足够的精力和专业技术应对会展具体管理事务,同时,政府部门的管理制度和考核方式也促使相应官员的决策目标以

维护稳定、利于宣传等为主,这反而可能会阻碍会展经济的发展。因此,对于会展经济资源和要素的统筹安排与配置、管理会展竞争和发展的规则制定,以及会展总体宣传策划等工作(张琳琳,2017),政府应该逐步交给行业协会等第三方组织。对此,不妨借鉴德国展览产业的治理模式。德国政府虽然不直接参与会展的具体运作,但为本国会展产业的发展提供了良好的政策环境。例如,地方政府大力支持展览场馆及配套设施建设,以长期租赁或委托经营的形式把展馆的经营权交给大型会展管理公司。在有些情况下,政府也是展会公司的大股东,但政府不参与展会公司具体的决策,主要通过监事会对其进行监督。另外,为提升展会影响力和知名度,各级政府领导积极配合展会的市场营销和宣传工作。(刘平青等,2018)。

其次,在行业协会方面,当前我国会展产业的行业协会功能缺失或弱化问题比较突出,行业协会远没有发挥引领会展产业发展的功能。事实上,近年来,中央要求推进国家治理体系和治理能力现代化,其中行业协会就是治理体系的重要一环。国家治理体系从宏观上囊括了公司治理、非营利组织治理、政府治理等,其中会展产业的治理介于公司治理和非营利组织治理之间,即会展产业既有明确的盈利目标,又有着明显的外部性,因此有着非营利的职能。正如社会公益事业往往由红十字会等协会组织管理一样,会展产业的组织、运行和发展也应该以会展行业协会为主导。总体来看,行业协会在会展产业发展中应该在会展运作模式标准和规范制定、会展产业专业人才培养、会展法律咨询和专业化服务等方面发挥主导作用。一是行业协会是政府和参会商之间的重要沟通渠道,应当在二者之间享有一定的权威。行业协会一方面将政府对于会展产业发展的施政目的和愿景传递给参会企业,另一方面,将企业诉求反馈给政府主管部门。在这一过程中,行业协会应该对行业的发展和运作规范给出解释性文件,对会展运作模式或会展企业给出相应评级,引领会展产业的发展与时俱进。二是行业协会应该大力支持和发展与会展相关的法律咨询机构和服务提供商,提升会展场馆设计、基础设备租赁、宣传策划等服务的水平。三是行业协会为会展产业培养发展需要的大量的专业化人才。行业协会一方面通过与高校合作的方式培养会展专业化人才,另一方面制定明确的人才培训体系和指标,组织进行专业人才认定的考试和评价工作,使得从业人员的专业技术水平更加显性化,降低企业用才的信息不对称程度。

　　另外,对于国内企业而言,需要充分认识到会展经济对提升企业品牌价值、扩大企业市场、寻求合作基础的重要作用,做到积极参与、充分了解。以进博会为例,很多国内参会企业是应政府邀请或要求之下参会的,存在着走形式、应付的心态,反而白白浪费掉宝贵机会。在政府主导型治理模式短期内难以充分改变的过渡时期,企业更应该发挥自身能动性,对参会的类型、规模、产品和服务门类做到充分了解,努力通过参会达成市场交易、规避法律纠纷。

　　最后,会展产业本质上是一种政府扶持、行业协会指导和运作,继而促成供应商和客户在集中时空内达成交易的平台型经济,而平台型经济的发展和壮大需要互联网技术和思维的运用。因此,互联网经济的发展、相关技术手段的运用会有力地促进会展产业的繁荣。例如,将云计算、大数据等互联网新兴技术应用到会展运营中,构建综合客户采购需求和厂商供应数量、质量和时点、金融和物流服务、法律纠纷化解等要素在内的交易平台,实现会展产业的"线下＋线上"同时运营、自由转换,这不仅有助于破解传统会展产业的特定时空限制,还可以有效降低政府、行业协会和企业间的信息不对称程度和延迟性,有效提升"政府引导、市场运作、企业决策"协同治理体系的有效性。

第7章　双循环视域下电商平台企业协同治理案例分析——以美团为例

国内国际双循环相互促进的新发展格局下,电商平台企业协同治理对于通过循环协调发展及电商产业结构优化提升双循环质量具有重大意义。本章采用单案例研究法,通过美团雇用零工工作者模式的演变,从市场、平台、政府及社会层面研究双循环视域下电商平台企业权责义务协同治理的多维困境及其影响。在此基础上,本章基于多中心治理理论提出主体—路径协同治理机制破解当前治理困境,其核心是以目标协同为基础,以供需协同为原则,采用横向协同和纵向协同的治理方式促进互联网平台经济高质量发展。美团决策权配置问题的解决是电商平台企业协同治理的经典案例,对于完善我国平台治理结构和提升电商产业竞争力具有积极意义。

一、电商平台企业协同治理现状分析

电商平台企业治理问题是我国经济发展中不可回避的重要课题。(金善明,2021)党的二十大报告中,明确提出:加快构建以国内大循环为主体、国内国际双循环相互促进的新发展格局;坚持以高质量发展为主题,增强国内大循环的内生动力与可靠性。互联网冲击下电商平台企业组织化程度低、秩序混乱,严重制约电商产业升级,亟待通过协同治理提升产业组织能力与竞争优势。对平台协同治理路径的探索驱动电商平台企业良性发展,且剖析平台生态系统内参与主体的协同治理过程具有重要的现实和理论意义。

电商作为典型的商业活动和新兴的产业组织形式,逐渐成为高质量发展的新动力。但电商平台在实践中往往会采取利己的经营策略,不可避免地会损害其他利益相关者的利益、扰乱交易秩序和市场秩序,亟须与其平台属性适配的治理方式。现有研究在该问题上已经关注到政府、公民和社会组织等治理主体的重要性(朱晓娟等,2020;刘玉国等,2019),但是对于纳入协同治理体系的参与者的必要性和重要意义、主体之间能否协同、协同治理的具体运行机制和如何协同才能达到最大限度增效提质的效果等问题有待深入挖掘和补充。(朱文忠等,2020)为此,本章结合双循环视域下电商平台企业的特性,并结合多中心治理理论,采取适配的案例研究方法,揭示电商平台企业协同治理的过程机理。研究发现,在电商平台市场,平台、政府和社会层面都存在治理困境。在此基础上,秉持生态系统内目标协同一致原则,从问题需求出发构建主体—路径协同治理机制。

二、文献综述

(一)双循环视域下电商平台企业的内涵和属性特征

"双循环"要求着力打通内外经济循环的堵点,优化统筹协调、实现高质量发展的系统性思维。互联网平台经济模式下,电商作为典型的商业活动和新兴的产业组织形式,在国家促进平台经济发展等政策推动下逐渐成为高质量发展的新动力。(金善明,2021)相较于传统产业,平台企业具有双边市场的特性,平台是其展开经营活动的功能载体。故电商平台企业也就具有了异质性特征,主要体现在网络外部效应(Armstrong,2006)、用户归属竞争和路径依赖、内外竞争和高竞争壁垒(阳镇,2018)等方面。除此之外,平台企业相对于传统企业表现出主体多元性、治理复杂性、社会性和公共性及边界多变性的特征。

主体多元性主要体现在三个方面:首先是平台商业生态圈内参与主体多元,包括平台企业个体、平台支持者、供需两侧用户。电商平台同时是生态领导者、公共利益的管理者(Farrell et al.,2000)和市场中介者,对不同生态内成员施加影响。其次是治理主体多元,平台企业、公民社会组织、政府等内外部治理主体都可以参与生态化治理(肖红军等,2019)。最后是治理受体多元,在平台经济情境下,平台个体、平台个体与供给方的关系、平台个体与需求方的关系及供需双方的关系都将受到平台生态圈的影响。(陈俊龙等,2021)

治理复杂性主要体现在两个方面(晁罡等,2017;阳镇,2018;肖红军,2018):一方面,平台企业的参与者数量庞大、规模不一、性质不同,平台风险行为会经由平台集中、放大与快速传播,成为平台生态圈内的系统风险。另一方面,因信息技术网络固有的虚拟性,借由信息工具,平台型社会责任问题形式更多、变化更快、手段也更为隐蔽。虚拟化的交易行为使得平台上的真假信息很难被有效识别,同时线下的交易环节也增加了技术甄别的难度,导致平台风险行为的监管难度更大。

社会性与公共性,即不同类型平台的设立在某种意义上是以解决相应的社会问题和满足社会公众相应的需求为目标的。Evans(2003)根据双边市场的不同特征,将市场主体分为市场建构者、需求调和者及顾客制造者。平台企业同时具有独立运营者的"经济属性"和重要组织场域的"社会属性"。(李广乾等,2018)平台经济的快速崛起,平台范畴的逐步扩大,平台企业承担更多样化的社会角色和更大的公共权力,使治理的范围和深度都遇到较大的挑战。

针对边界多变性,Davis(1960)提出"权力大小—责任边界"模式,认为电商平台的行为边界取决于权力大小。首先,在平台的整个生命周期中,平台企业会不断调整商业模式,组织边界会伸缩调整;其次,平台商业生态圈内的构成具有复杂化和多元化趋势,单一治理方式难以应对;最后,基于制度环境的逐渐完善、社会对底线责任的期望和负责行为评价标准的变化,平台企业行为边界也会进行动态调整。(肖红军等,2019)

(二)电商平台企业治理相关研究

1. 电商平台企业治理内涵及面临的问题

电商平台企业治理具有双重要求：一方面，矫正和规范平台的违法行为，消除其负外部性行为；另一方面，为激发电商平台发展的积极性，还需塑造良好的平台内部治理结构和外部制度环境。（金善明，2021）Eisenmann et al.（2006）和 Tiwana et al.（2010）认为，平台治理是为解决"谁为平台做决策行为"的问题，具体而言，包括决策权配置、控制权和所有权归属，与其对应的是权利义务治理、动机治理和股权治理。Evans（2012）则从法律角度提出平台治理是基于规则的私有性控制，是解决负面网络效应的机制。高少丽（2017）认为平台治理是平台经营者通过制定和实施内部治理规则等，规范平台双边或多边主体行为，处理可能出现的违法违规问题，维护平台内部管理秩序，促进平台生态系统健康发展，并认为平台治理具有规则、数据、技术、效率和共治优势。周学峰等（2018）将网络平台治理定义为，对以网络平台为核心而构建的网络空间的治理，特别是对网络平台所传输、存储和传播的信息内容与服务的治理。李广乾等（2018）则结合"民法总则"的法人分类原则，认为大型平台多数是上市公司，具备普通企业的所有特性，但还具备普通企业所没有的特性——生成或被赋予越来越多的公权力，提供日益广泛的公共管理与公共服务。实际上无法将大型平台归入"民法总则"界定的三类法人中的某一类，因此将大型平台界定为第四类法人，将平台治理界定为第四类治理（即所具备的而传统企业所没有的各项公权力的统称）。余晓晖（2021）提出，平台治理主要是为了应对创新商业模式的局部效率损失及相关的公平问题。

然而，随着平台经济的蓬勃发展，平台治理衍生出一系列问题。姚辉等（2020）针对电商平台中的自治与法治现状进行探讨，认为司法应充分尊重平台自治权，只要"平台法"不存在无效事由便应肯定其效力，司法不予介入，而当平台自治不足或自治权行使不当时，司法应予以介入，从而调整失衡的法律关系。宋晓舒（2019）认为，跨境电商平台有利于提升经济运行效率，推动创新和市场分工，但是在其发展过程中存在信息不对称、不正当竞争、市场秩序混乱等问题。姚建华（2019）将关注点放在平台经济发展过程中的劳动者权益保护问题，指出构建新型的平台用工关系既必要又紧迫，工会将发挥不可替代的作用。张心（2019）认为，当前平台治理的困境主要在于责任不明、机制不完善及内容缺陷。崔保国等（2020）认为，平台治理在网络空间整体治理体系中，位于政府化管理和去政府化管理之间的特殊地带，而网络空间的秩序来源于等级制和自发网络，单一的来源无法建构良好的秩序，平台正由以自发网络为基础的市场力量所主导，造成权力失衡，沈占波等（2022）从平台自身视角入手，认为开放式创新会引发内源和外源性风险。

2. 电商平台企业治理现状研究

由于平台治理中的问题，学者们纷纷从多个治理视角提出平台风险治理的多种模式（见图 7-1），大致可概括为以政府经济规制为主的外部治理（汪旭晖等，2021）、平台主导的内部治理（Benlian et al.，2015；蒋国银，2021）及多元主体协同治理（易开刚等，2021）。对于外部治理，王茜（2017）、刘皓琰（2019）分别从互联网平台经济下劳动者权益保护平台经济中的非雇用剥削问题中提到合理的法治路径是进行平台治理的有效模式。陈兵（2018）研究表明，政府在塑造平台经济运营新思路和新格局中发挥着不可替代的作用，且合法的政府规制有利于平台经济的健康可持续发展。汪旭晖等（2021）采用演化博弈的方法发现政府实施惩罚和激励政策相结合的监管方案能够破解信息不对称下电商平台的信用监管困境。对于平台内部治理，其治理模式可以划分为低授权、低透明和以传统金钱激励为主的中心化治理模式，高授权、高透明和以非金钱或金钱激励为主的分散式治理模式，以及在完全授权、完全透明和非金钱激励下的自主式治理模式。（Perscheid et al.，2020）再就内部治理的治理内容，现有研究聚焦于采用包含生态成员竞合、平台开放深度及广度等指标的平台生态治理（Laursen et al.，2006；Benlian et al.，2015）、数字技术治理（蒋国银，2021）及基于正式制度和非正式隐形规则的用户群治理（Tiwana et al.，2010）。部分学者，从价值共创研究视角的演进入手提出了基于价值共创的生态协调治理，即由"二元互动"的顾客体验向"多元主体"的服务生态系统转变，如钟琦等（2021）发现在平台方的交叉网络下供给方提供的产品或服务的创新价值转变为需求方的实用、娱乐等价值的价值创造机理。此外，也有基于多中心系统治理机制的研究。如宋晓舒（2019）基于平台的公共性、治理模式的边界、治理手段的有效性，提出完善跨境电商公共服务体系、形成"政府＋平台企业联盟"的治理模式、优化平台治理制度设计等创新跨境电商平台治理的建议。

王书艺(2019)在研究中指出,单一的政府监管模式已经不能满足互联网时代电商平台供应链的治理要求,治理模式应该向多元治理模式转变,并根据博弈结果提出"政府规制为基础、平台监督为核心、社会参与为辅"的电商平台供应链多元治理模式。易开刚等(2021)采用双案例研究方法构建多中心协同治理框架,解析"主体—路径"的协调机理。

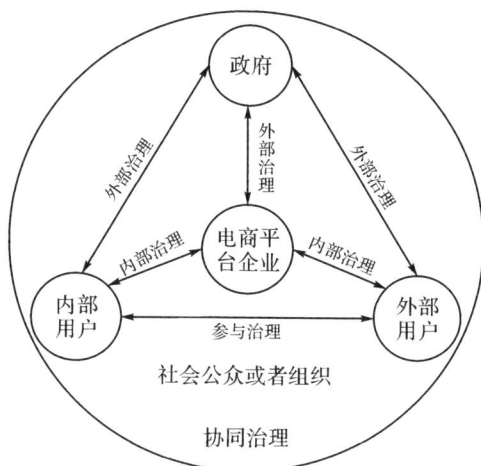

图 7-1　平台治理理论框架

回顾平台的治理理论研究可以发现,平台治理理论正由单一的内外部治理转变为协同治理,但还停留在理念上,谁来驱动、怎么协同、方向及路径选择等一系列实际问题尚待解决。(朱文忠等,2020)平台治理不仅是外部监管或者规制的问题,也是一个平台企业自主治理机制的问题,更是平台企业自主治理机制与生态圈内成员协同治理机制互动融合、动态匹配的问题。

鉴于此,本部分从建构国内大循环为主体、国内国际双循环相互促进的新发展格局视角入手,系统解构权利义务问题后探讨如何完善电商平台协同治理框架。本章选择美团作为探索性单案例研究对象,探究平台与零工工作者之间决策权配置问题,即平台治理中典型的权利义务治理问题。在此基础上结合平台企业的特殊性和平台企业治理的特殊性,深入分析协同治理在政府、市场和社会等层面存在的困境。同时,在明确平台企业外部相关治理主体及其履责范围的基础上构建电商平台企业协同治理机制,并基于对当前电商平台企业协同治理问题的演进分析,指出相应的协同方向与实施路径,做到主体—对象相一致、手段—路径相适应,避免出现多方协同、无人驱动的局面。

三、研究设计和案例介绍

(一)研究设计

本部分采用单一案例的研究方法进行分析,研究的案例是美团(股票代码:3690.HK,股票名称:美团-W)。对美团开展案例研究的原因有以下两点:第一,涉及平台企业和外卖骑手的许多信息是内部的保密信息,我们无法通过公开渠道获取到相关的资料。经过美团平台公告和媒体披露,骑手用工模式演变过程是我们所能获取的最为完整的二手资料。这为我们剖析零工工作者与平台企业权利义务问题提供了难得的机会。第二,针对单一案例能够更加深入地进行研究和分析,更容易把"是什么"和"怎么样"解释透彻。在本部分,通过对美团案例的深入研究,我们可以动态展现零工工作者与平台企业权责分配转变过程。

(二)案例介绍

美团是中国规模较大的生活服务电商平台,也是当前中国使用用户最多的餐饮外卖平台之一。2010年3月4日,国内第一家团购网站——美团网成立。2013年,美团外卖在北京正式上线。2015年,美团网与大众点评合并之后,更好地扩展到餐饮及生活服务方面。2018年,美团上市,收购摩拜,单日外卖订单量超过2100万单,总营收达到652.27亿元,同比增长92.3%。2021年,美团交易金额同比增长43.6%至7021亿元,收入同比增长45.3%至963亿元,经营利润率由4.3%增至6.4%。2021年第四季度,美团日均订单量达到4250万单,活跃交易用户数量达6.91亿。美团外卖用工模式的演进过程主要可以分为四个阶段,从完全外包到自营再到众包,最后采用个体工商户模式,具体见表7-1。

表 7-1　美团外卖用工模式演进

责任主体	美团外卖运营模式	骑手工作情况	技术演变
配送站 (2013—2014 年)	美团负责平台的运营与维护,并定期向代理商收取加盟费和抽成,骑手由配送站招募与管理	工资包括底薪和提成,工作时间固定,代理商按月为其购买保险	依靠站长的经验与有序调配、团队骑手的经验
美团或劳务派遣公司 (2014—2015 年)	2014 年,美团自建运力系统,保证配送的质量。配送质量得到保障的同时,人力成本居高不下,受外卖需求"潮汐"效应的影响,常出现供不应求的现象,人力成本高,用工风险大	平均每单收益 10—15 元;签订劳动合同,享受法律规定的薪资、福利和待遇,工作时间固定;专送骑手由劳务公司管理,固定工作时间,提供充沛的单量,但无"五险一金",受差评、投诉的影响	2016 年前后,配送技术开始采用智能调度与时间送达预估(Estimated Time of Arrival,ETA)结合,取消人工派单,以系统派单和抢单模式为主
众包服务公司或美团 (2015—2018 年)	2015 年 10 月,美团招募众包骑手缓解就餐高峰期订单配送压力。骑手分为专送骑手(全职)和众包(兼职)骑手,但通过众包骑手调运力,服务质量难以把控。起初与平台签订合作协议,后与众包服务公司签订	众包入职门槛低,签订《网约配送员协议》,与美团只有劳务关系,无底薪,时间自由,不受差评影响,可拒绝接单;薪资按配送单量计算,扣减 3 元每日意外险,3 千米 2016 年最长配送时长为 1 小时,2017 年为 45 分钟	2017 年,"超级大脑"实时物流配送智能调度系统上线,30 毫秒计算出骑手最优路径;2018 年,系统新增智能语音助手和 IOT 硬件
骑手 (2018 年至今)	专送骑手外包给配送商负责,配送商将业务转包给多个公司或者个人,形成网络状外包模式;将骑手注册为个体工商户,降低交易成本	骑手与美团骑手通过注册 App,与灵活用工平台签订承揽协议,将自己注册为个体工商户,自担风险,自负盈亏,配送时长为 28 分钟	2019 年,使用感知系统与地理位置服务(Location Based Services,LBS)系统,实现更精确的室内外定位,应用场景识别与时空画像技术

四、案例分析与讨论:电商平台权责协同治理面临的困境

(一)市场层面的治理困境:供求关系

　　劳动力供给失衡使平台企业拥有最大的话语权,成为平台企业与平台劳动者利益博弈中的重要砝码。当劳动力供过于求时,平台劳动者作为劣势一方,被剥

夺更多权力和主体性,只能受制于具有绝对话语权的一方,此时平台企业采取"霸权"更为容易。(Zhu,2019)因为平台企业具有牺牲其他利益相关者的利益、攫取自身利润最大化的动机及能力,能够更有效地实现对劳动者弱契约强控制,从而降低平台企业的用工风险和成本风险。蔡赛男等(2012)认为,在面对生产力挖掘利润有限时,平台企业就会把注意力投向交易领域,进一步压缩交易成本,挖掘利润。平台企业作为提供交易平台和信息服务的中介,在无法从生产力中挖掘利润的情况下,降低交易成本就成为其新的利润源泉。在劳动力供给充足的情况下,平台企业完全有可能通过改变与劳动者的交易关系,降低交易成本。

从劳动力供求角度看待电商平台,可明晰骑手与平台企业间权责失衡的演变过程,如表7-2所示。2016年前后,美团主要采用抢派模式。在用餐高峰期,订单量远超现有骑手能够接收的数量,骑手处于相对优势的地位。此时,骑手平均配送时间集中在41—60分钟,从外包转变为以自营和劳务派遣为主的雇佣方式,具有法律规定的正式员工应有的薪资、待遇。在劳动力供给不足的阶段,骑手又得到来自平台的补贴,单量充沛且单价合理,可以挑"肥单",抗风险能力较强。但是在2018年之后,外卖交易笔数呈现平稳增长趋势,而外卖骑手人数陡增,骑手每日平均配送单量从6.48单降到3.67单。而且在2018年之后,美团外卖开始使用的智能调度系统为4.0动态决策版本及现在使用的5.0全域柔性决策版本,这使App操作效率提高,平均0.55毫秒便能为骑手规划一次路线。在骑手配送效率得到有效提升的同时,日均单量却呈现下降趋势,可见骑手的供给已经超过美团外卖的实际需求量,即劳动力供需矛盾降低了骑手主动权。

表7-2 美团外卖交易笔数、获得收入的骑手人数及其日均单量

年份	获得收入的外卖骑手/万人	外卖交易笔数/亿单	日均单量/笔
2017	220	40.9	5.09
2018	270	63.9	6.48
2019	399	87	5.97
2020	470	101	5.89
2021	527	143.7	3.67

劳动力供求失衡下,平台企业在降低交易成本过程中为节省交易成本,选择

提供无契约关联的灵活就业岗位(李敏等,2020),骑手失去法定工资待遇,加之职业工作空间的特性,增加了暴露于风险下的横截面。交易成本指信息搜寻、违约处理和交易过程中秩序维护等各种成本的总和。(蔡赛男等,2012)美团选择用交易成本代替劳工成本,在外卖骑手与美团中间铸造了配送商、灵活用工平台、个体工商户三道防火墙,"平台—员工"关系转变为合作关系,除降低人力成本、管理成本之外,还减少了大部分的交易成本。下面,借鉴崔晓明等(2014)的交易成本下降的框架进行分析。首先体现在契约数量上,在契约的制订过程中需要交易成本,美团与各个骑手签订协议的边际成本远大于与配送商和灵活用工平台等制订契约的成本。其次是契约期限,长期契约的交易成本更低。"兼职做骑手"成为过渡性的就业方式,骑手就业的灵活性超过配送商等,但增加了交易成本的产生频率与次数。同时,短期契约带来不确定性,即骑手的机会主义和道德风险可能是契约无法涵盖的。最后是契约的风险,利益群体需要对契约的签订提供保障。因此通过权衡内外压力,平台企业能够自主选择并采取高控制低责任的用工模式。

(二)平台层面的治理困境:算法技术及其和竞争态势的交互效应

1.算法技术

算法技术渗透到生活和工作的方方面面。平台企业凭借新技术占据优势位置,逐渐形成算法权力,即基于算法赋能,依托技术、知识、信息等资源优势而具有的,相较于零工工作者的支配力、控制力与影响力。(邹开亮等,2020)平台企业引入算法技术,强化员工绩效管理,捕捉零工工作者和消费者的各类信息,构建算法数据库,反哺平台数据系统,优化算法决策(Mayer-Schonberger et al.,2014),为平台企业减轻自身义务负担提供了可能。同时平台企业利用人的惰性和选择黏性,使其依赖算法主导决策,让渡自主决策的控制力和影响力,从而形成以算法为中心的算法权力。(邹开亮等,2021)

美团"超级大脑"系统的精细化和智能化的提升,配送效率的提高,每笔订单单价的不断降低,以及惩罚机制越来越严苛,导致骑手面临"高责任低权利"的生存困境。美团公开的优化标准,主要围绕提升消费者体验、优化盈亏结构及扩大配送规模展开,使3千米内配送最长时间由2016年的1小时,到2017年的45分钟,再到2018年的38分钟,直至2019年的28分钟,可见算法优化实现了对外卖员时间的规定和操控,同时也在自我训练,为之后实现更高效率的配送做准备。由上可知,骑手在相同时间内配送的订单量增多,平均每单的送单价却逐渐下降,"高收入"是由高强度劳动堆砌而成的。2019—2020 年针对武汉外卖员的调查发现:70%左右的外卖员工作时长集中在 8—12 小时,10 小时的最多,月平均工资为 5882 元,低于武汉市社会平均工资 8170 元。而且相对于其他员工,外卖员无加班工资、夜班津贴、"五险一金"及工伤赔偿,即在绝对劳动程度增加的同时骑手的相对收入下降。

平台算法通过设置奖惩制度规范骑手,骑手为维持身份等级和薪酬标准,必须承担更多的责任。其一是奖励机制。根据骑手的完成总单量、差评率、超时率、工作时间等评定青铜、白银、黄金和王者等 10 个等级,等级越高奖励越高,系统派单的机会也会更多,而且每月初都会对战斗力进行扣除,必须满足单量才能维持原来的等级。在等级晋升的过程中,将骑手对个人价值的追求和资本对骑手的专制巧妙地结合,在无形中为算法倾斜的价值分配做出了内化的合理解释。其二为惩罚机制。"效率"是"四元"关系中共同的价值追求。算法为提升消费者体验和扩大经济规模,往往会带有价值偏见。以机器学习系统中的 ETA 为例,ETA 为消费者提供配送到达时间承诺,为骑手提供优化后的任务安排及规定外卖送达时间,为供应商提供优化后的订单结构安排。(蔡润芳,2021)如果 ETA 不能按实际路况进行预测,如采用点对点直线距离、窗墙等预测到达时间,或对楼层预测的精准度不高等,就属于平台算法失效,而骑手作为指令的执行者却承担着失约责任。骑手获得差评与投诉,超时始终是主要原因。

通过算法技术可以完成大多专业化工作,骑手基于对平台的技术依赖和经济依赖,让渡自身的自主权。劳动密集型行业获得廉价劳动力的方法是将劳动过程分解成简单易操作的部分,员工较少使用经验和脑力思考,平台系统将骑手的配送流程拆解为"接单—到店—取餐—送餐—交付"。美团"超级大脑"系统中的规划系统进行 24 小时排班优化,调度系统实时在 0.55 毫秒内根据供应商、骑手、用户位置安排最适宜的骑手接单,配送时间和商家出餐时间等由机器学习系统提供,LBS 系统深入点线面空间,提供用户和商家的具体位置并进行路线优化、路况检测和实时导航。除此之外,智能语音助手使骑手用语音即可完成接单,只需回复"是"或者"否",大幅简化原先需要完成的步骤,只需语音信息播报和语音命令。

原先需要骑手根据经验估计各商家出餐时间,现今最优路线及订单选择顺序等都可以通过基于"超级大脑"系统的语音助手完成。在算法构建的平台系统下,整个劳动过程不需要个人发挥主观能动性。

2. 竞争态势与算法的交互效应

平台企业之间的"逐底竞争"(Schmidt,2017)和算法技术迭代分别为平台企业创新弹性用工模式的动机和机会。孙萍(2019)提到随着外卖市场饱和与平台垄断势力扩张,平台企业逐渐掌握了服务定价权(黄再胜,2019)和优先话语权。下面,我们以动态的视角分析算法和美团竞争态势迭代过程中骑手权益消减的过程。

在追求利润最大化的过程中,美团算法与竞争态势的迭代共同作用于骑手的用工模式,使骑手自担风险、自负盈亏。2016 年前后,配送技术开始将智能调度与ETA 结合,取消人工派单,以系统派单和抢单模式为主,骑手配送效率提高。2017 年,推出的智能规划系统基于地图数据的深入挖掘,运用了机器学习技术,同时在考虑骑手工作时长的连续性和中间休息时间间隔等因素下提供 24 小时排班规划。2018 年,新增智能语音助手和 IOT 硬件。智能语音助手深入挖掘骑手轨迹,利用机器学习等实时提供最佳路线导航,替代了大部分脑力思考,缩小了骑手之间的劳动差异,降低了骑手入职门槛,扩大了配送规模。2019 年,感知系统与LBS 系统,实现了更精确的室内外定位、应用场景识别与时空画像,骑手履约效率更高。感知系统与 IOT 即时从骑手手机、蓝牙设备、头盔等收集骑手运动状态与轨迹,不断优化配送路径,缩短时间。LBS 系统采用基础算法,根据骑手、商家、顾客 3 者的位置,30 微秒内给出最优配送路径结果,骑手日配送单量提升 46%。未来向全域柔性系统发展,其目标是城市内所有订单和运力统一调度取代商圈切割再分段,并能根据天气、单量突增情况快速进行智能自动调整,这需要大规模骑手与订单的匹配算法。至此,美团基于海量数据与大数据处理能力形成信息垄断,骑手只能从仅有的寡头企业中选择,所有信息依赖平台提供,此资强劳弱的状况导致价值分配倾斜。

美团各阶段的竞争态势划分主要依据两点:其一,浙江省金华市中级人民法院"〔2019〕浙 07 民初 402 号"判决书中就美团金华分公司不正当竞争行为提及美团 2016 年下半年就迫使商户删除其他外卖平台上相关信息,并签署只有美团可以进行外卖在线平台合作的约定,因此认定 2016 年之前美团还处于竞争状态;其二,2021 年 10 月,市场监管总局对美团实施"二选一"垄断行为做出 34.42 亿元行政处罚,认定美团自 2018 年以来的行为已经违反《反垄断法》,故选定 2018 年之后美团进入垄断阶段。如表 7-3 所示,在美团竞争形成并巩固垄断地位和算法完善的过程中,由最初高雇主责任低雇员责任演变为与骑手的合作关系。美团满足用户和供应商的需求,通过交叉网络效应与规模效应,形成平台的单边垄断,在这个过程中算法成为打破平台与位于价值链最低端的骑手间正式雇用关系的催化剂,与垄断的市场地位交互作用,以"交易中介"身份推诿风险分担和权利保障的"雇主责任"。(Kennedy,2017)

表 7-3　骑手用工模式演变

竞争态势	算法演变		
	人力"算法"(2016 年之前)	配送系统逐步完善阶段(2016—2019 年)	全域柔性攻坚阶段(2019 年之后)
垄断阶段(2018 年之后)	—	外包、众包	个体工商户模式、网络状外包模式、众包
排他性交易(2016—2018 年)	—	众包、直营	—
竞争状态(2016 年前)	外包→直营模式(直接雇用、劳务派遣)、少部分众包	—	—

(三)政府层面的治理困境:法律空隙

目前的法律体系中,"平台—个人"的用工模式既不完全属于雇用范畴,也不完全属于独立劳动的范围,劳动关系不明确使骑手无法维护权益(李敏等,2020;王琦等,2018),权益申诉渠道闭塞。组织型平台与外卖骑手复杂的从属关系增加了劳动法适用新兴用工模式的难度。从属关系分为经济从属和人身从属。骑手经济上从属于美团,故人身从属成为确定雇用关系的分歧点,只具有经济从属的骑手目前并未纳入劳动法。首先,在判断骑手与美团是否具有从属关系时,相对于传统外卖骑手,现在骑手的人格从属(属于人身从属)更加突出,比如配送时间、微笑行动、礼貌用语等;其次,骑手与美团之间的人身从属只是形式发生改变,从由单方对外卖骑手的日常监督转变由"超级大脑"系统和消费者精准全面多主体监督;最后,部分骑手有权拒绝接单,美团并不干涉骑手的自主安排,因此美团能够否认与骑手之间的雇用关系。外卖平台采用的灵活的用工模式弱化了劳动法中的人身从属,因此在新情况下并不能找到法律依据,导致劳动关系的认定程序就更烦琐且成本高。

在美团的案例中,骑手在配送过程中受不完全与场景融合的算法支配,有伤亡却无工伤赔偿的事件屡见不鲜。2017年10月9日,在西安市未央区跑单途中,34岁美团众包骑手猝死。美团众包平台所属的北京三快公司、北京三快西安分公司、外包公司博悦人才均不承认与其存在劳动关系。2019年1月25日,法院最后裁定,送餐平台属于信息服务平台,与骑手签订《众包平台服务协议》的第三方科技公司只是提供众包平台各项电子服务的所有权人和运作权人,仅为骑手提供网络信息服务,并不参与实际商业和交易行为,所以其并非用工主体和劳务报酬支付方,不承担雇主责任。同时,法院驳回亲属要求众包平台和第三方科技公司一次性支付伤亡补助金、丧葬费、供养亲属抚恤金的诉讼要求。尽管在中国文书裁判网中不缺成功获得赔偿的裁决结果,但是相比处于劳动关系下采用劳动争议程序解决,处于合作关系下产生的属于一般债权的劳动报酬纠纷的解决程序更复杂,同时因为惧怕被开除可能还会选择放弃维护自身合法权益。

从以上的事件可以看出,制度缺口的存在使骑手的健康权和安全权受到威胁,也充分体现了法律制度对于平台治理结构和外卖骑手权益保护的重要性。袁文全等(2018)认为,应该构建新型劳工关系认定标准和系统科学的劳动法律体系,这样才能够更好地保护骑手的基本权益。

(四)社会层面的治理困境:职业消极认知

网络技术和社会变迁对社会心态的影响会映射到群体中,并逐渐外化为能够区别于其他群体的特征,进而打破社会认同的整体性,使主观认知存在"向下偏移"的倾向。(李阳,2021)算法采用就近派单的分配原则,因此骑手常常会聚集在离餐饮店不远的树荫、马路、街角等地方聊天、刷视频、打手游等,加之亮眼的黄色工作服和头盔促使基于诸多的身份特征判定的阶层地位与圈层的认同逐步形成

(Gerson et al.,2018),劳动工具成为草根和底层的象征。例如,在大型商厦和购物中心,要求电动车停放在后门或者侧门,且骑手只能从货梯上。2020 年 7 月 11日,美团骑手 C 被北京 SKP 保安以有损商场形象为由拒绝进入市场取单,并且需要离门口一定的距离。同时,骑手之间可能会说"送外卖,到哪儿都撵,到哪人都说""我们这工作连保安都不如,保安都看不起你"类似的话。长期的城乡二元结构使处于标准劳动关系中的城镇职工对于来自农村的处于非标准劳动关系中的骑手带有了先入为主的想法。从事该职业的外卖骑手仍然处于社会经济的底端。社会学者刘洋援引美国学者 Philippe Bourgois 的观点指出,服务业工作内存在"羞辱性人际从属关系",即当一方的地位高于另一方时,双方都会接受对方多付出一点,社会地位越高对回报的要求也就越多,如会要求骑手无偿提供倒垃圾、购买饮品等额外服务。骑手低反抗的姿态及被动适应的现状使得对其基本权益的忽视进一步"合理化"。

社会对零工工作者职业持有的消极负面态度间接影响零工工作者对自身职业的认知。郑广怀研究团队于 2019 年 7 月对中西部外卖员重要输出地武汉的外卖送餐员的调查数据显示:外卖骑手在工作中面临的语言暴力严重,被消费者辱骂、中伤的比重较大,分别占 29.83%、36.27%,但其中 49.79%选择以吐槽的方式自我消化;在主观上认为入不敷出的外卖骑手占比 40.30%。因此,尽管在从事外卖员的工作后名义收入得到了明显的增加,但是从消费情况看,有较大部分处于入不敷出的状态。可见,骑手在从事外卖员的工作后,除需要付出较多情感劳动与体力劳动外,仍然承受着较大的家庭压力。骑手这份职业具有较高的流动性,被作为谋求生计的过渡性选择。冯向楠等(2019)在调研中发现,样本中很少把骑手这一职业当作长期的职业,42.10%的骑手认为未来还会从事其他职业。

五、电商平台企业治理结构及机制建设

(一)基于多中心治理理论的协同治理理论

本部分突破利益相关者视角治理的局限性,从商业生态系统角度提出基于平台语境的主体协同治理和路径协同治理(见图 7-2)。第一,主体协同治理。平台商业生态系统是由无标度特性的网络主体多维嵌套形成的复杂网络结构系统。(范如国,2014)政策法规及平台规则的贯彻执行需要政府、公众、平台企业及传统企业等有效协同。生态圈内成员职责各异,通过优势互补、共治和协同构建平台外部秩序、内部制度和商业生态系统内生秩序的治理网络。多元主体协同目标共同向构建健康有序的平台生态系统努力,从而缓解治理中的矛盾。有效的双向沟通是协同各参与方之间利益关系、寻求最佳解决方案的重要前提条件。第二,路径协同治理。多元中心治理理论提出,平台治理需要制度、技术等方式的共治和协同。制度是个体活动的最低准则,能够定义和限制其决策集合(Scott,2013);技术治理有利于共享资源和提升算法透明度,实现各种资源的有效协同及资源利用最大化;组织内部治理能够在外部治理的协同下因势利导,实事求是地落实路径协同方案,有助于实现生态系统内的资源整合。

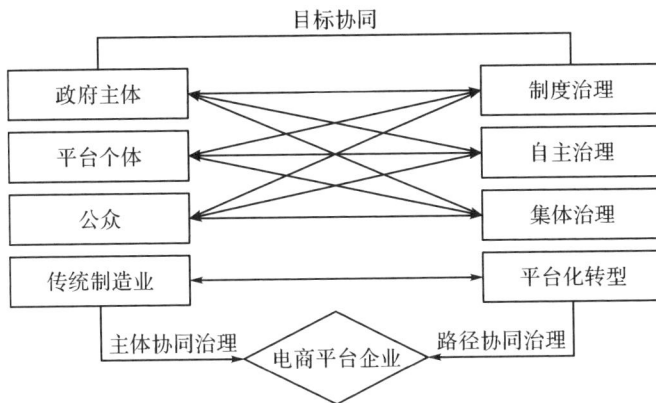

图 7-2　电商平台企业协同治理网络图

(二)主体协同治理与路径协同治理

1. 政府与制度治理

政府主导的制度治理是确保协同治理模式有效运行的基础,其间要悉心听取电商平台企业、公众和传统企业的建议,确立一致的治理目标。首先,应着手于完善最基础的社会保障制度,切断劳动关系与社会保障的因果关系。其次,从灵活性的角度窥视平台企业与骑手的需求可知,外包和众包等灵活轻便的用工模式对于双方其实是共赢的,符合了平台经济的发展趋势。(袁文全等,2018)一方面,满足骑手拥有自主权的需求,实现多元化的工作模式;另一方面,平台企业可以摆脱传统雇佣关系的桎梏,可以随时根据市场需求调整人力资源模式,人力成本和用工风险降到最低,竞争优势凸显。因此在灵活并不断迭代的用工模式已经成为劳动力市场的大趋势下,可以在跳出劳动关系认定的前提下,重新考虑如何保障零工工作者的健康权与安全权,淡化劳动关系与社会保障关系。(王茜,2017)再次,关注劳动法律制度,建立长期雇佣的心理契约,为零工工作者的长期发展加大职工技能培训方面的投入,减少其获得技能的外部障碍,成为增加弹性的核心要素。最后,完善算法伦理审查制度,积极引导平台自主治理,合理把控监管范围,同时赋予监管机构监管数据和算法的权力,建立基于大数据、区块链等新技术的监管模式,提高对算法相关风险的识别、预警和防范。对算法开发者和使用者设置算法审查、算法风险评估与算法解释等义务。当算法使用过程中出现有损于社会利益的情况或暴露潜在风险时,监管机构有权打开算法黑箱。2020年,在美团配送717骑手启动仪式上,人社部中国劳动学会会长杨志明表示:未来骑手群体将通过职业技能等级认定,被纳入技能人才队伍并可按照职业技能等级标准,不断提升技能,在“多劳多得”的基础上实现“技高多得”,同时还可以享受政府提供的培训补贴,参加政府及行业组织的职业技能大赛,更有机会通过竞赛被认定为高层次人才,享受政府购房补贴、积分落户等政策。平台企业也应该为骑手设计更完善的成长路径,从而改善骑手和社会对于网约配送员的职业认知,为骑手蓄势。

2. 平台个体与自主治理

电商平台企业需完善平台治理的沟通反馈和评估机制,积极履行企业社会责任。一方面,增强企业成员责任意识,规范算法制定、算法处理等行为,将法律、社会主义核心价值观、道德伦理等人类价值融进算法中;另一方面,专注挖掘算法内在潜力赋能内容治理,增加算法的透明度和解释力度,构建政府制度治理的联动机制,同时在算法遇到危害和风险时能及时调整,提高对平台算法的评估和管控能力。将道德转化为代码并将其输入算法模型源头,同时结合机器学习进行全面的道德汲养和进化,塑造道德敏感的算法系统。电商平台在履行社会责任方面存在天然优势,借助自身中心度和结构洞位置,引导平台用户、关联性企业或者平台内企业共同关注劳动者权益保护问题。电商平台还应重视人才管理制度。由于零工工作者具有工作弹性大、时间自由等特点,需区别于传统人才管理,制定针对性人才管理制度,如先预判人才需求,制订合理的人才需求计划,建立规范的零工工作者的入职评价标准,探索建立实业保险制度和工伤保险制度等。美团在2019年开展了骑手守护计划,针对25种重大疾病提供5万元的骑手关爱基金,参保条件为注册为美团骑手App满90天。该基金完全由美团出资,保障金额根据骑手完成单数或者服务时间确定,但不包括医疗、意外等工伤保障。虽然企业主导的保障能够覆盖所有骑手,但只能针对一些重大疾病获得5万元的保额,只能达到解决燃眉之急的效果。政府参与外卖骑手保障方案的制定并负责工伤与重大疾病的基础保障,有利于各平台企业统一保障方案,使外卖骑手不会因为更换用工平台导致重新积累,从而满足平台用工对于灵活性的要求。(杨静,2020)政府和平台企业各司其职,权责对等,由政府负责基础保障,打破户籍限制,将非本地户籍外卖骑手也纳入保障范围,而平台企业可以制订与骑手绩效相挂钩的保障方式。

3. 传统制造业与平台化转型

传统制造业赋权,通过推动平台化转型升级,根据劳动者更偏爱的平台化管理和用工模式进行创新,吸引劳动者回归。(石培培,2021)从灵活化用工大趋势可以看出,相比于传统工厂内流水线作业下的标准固定的管理方式,平台化的管理和用工模式更受零工工作者的青睐。新生产关系正挑战传统关系,工业4.0时代和工业物联网体系正助推传统制造业平台化及模块化发展,如机器人化的智能物流、基于5G的远程运维,正向智能制造升级落地,因此也需新的劳动关系与其配适。零工经济的快速发展吸引了大量传统劳动密集型企业的劳动者,外卖餐饮行业目前呈现过饱和的用工状态,协同政府政策激励劳动者回归,传统制造业要向平台化、智能化发展,以更灵活的用工方式吸引零工工作者回归制造业,从供给端缓解供求矛盾的现状。目前,传统制造业致力于劳动者职业生涯管理体系建设,设置多方向发展通道,拉伸零工工作者的职业发展专业路径;激发零工工作者技能的升级,达成长期雇佣的心理契约,增加人力资本投入,完善对零工工作者的技能培训,并设计和实施与市场化外部技能相匹配的培训项目,激发个人专长。平台经济下,去技能化现象逐渐凸显,即劳动者随着工龄的增加并未积累技能,缺乏对平台劳动者人力资本的倒逼,就业空间缩小,造成阶层的严重固化。在美团的案例中,骑手依赖智能助手,"到店—取餐—送达"中间的每一个步骤都流水线化,全过程由语音助手帮助骑手决策,即去技能化。除此之外,美团继续深耕无人配送领域,无人机已经在深圳常态化试运营近一年,为 80000 多户居民提供无人机即时配送服务,低技能者的就业空间愈加狭小,同时传统制造业以长期职业发展前景与灵活的用工模式吸引零工工作者回归。

4. 公众与集体治理

集体治理主要包括工会和集体协商制度建设,使零工工作者参与并影响平台生态系统权力结构(闻效仪,2020),以及关系赋权,即尽可能激发个体潜能与其关系网络资源,利用网络关系从根本上改变权力格局和游戏规则(喻国明等,2016)。但由于电商平台企业和政府是信息资源的掌握者,相对于其他主体在大数据资源方面更具优势,仍然需要在政府牵头下及电商平台企业技术支持下建立信息共享平台和平台治理的渠道。集体治理能够构建稳定的劳动关系体系。工会参与到电商平台企业治理结构中制衡劳资权力,督促企业更加关注零工工作者的可持续发展与长期利益,在决策权配置中,明确零工工作者在新的生产方式中的权利与责任。互联网语境下结构性力量颠覆原有权力格局与话语权分布,赋予"无权"个体或者组织社会治理的权力、渠道及能力。信息发布者和信息闭塞者的"信息鸿沟"逐渐弥合,信息传播格局呈现多元化和平权化特征,开发公众的潜能与资源,使公众权利意识觉醒,在维权行动中推动事件积极解决和权利及时落实。公众偏好具有承担社会责任的平台企业,在互惠互利、互相尊重和认可中鼓励企业可持续性发展和落地执行政策法规。2016 年 7 月 11 日,青岛一位美团外卖骑手遭遇车祸骨折,医药费无人负责,直到当地媒体报道后,美团方面才表示愿意承担责任。社会是由无数个具有关联的点集合而成的,互联网激发了个体的维权意识,使挖掘、开发和利用的关系资源成为撬动的权力结构支点。

六、本章小结

本章从双循环视角下,基于多中心治理理论和平台企业的特征构建了电商平台企业协同治理模型。本章采用单案例纵向研究,识别出电商平台企业协同治理多层面困境,并从问题出发结合案例的实际情况总结出了"主体—路径"协同治理机理,得出以下结论:①政府、电商平台企业、传统制造业和公众等治理主体应保持协同合作的关系,建立互惠互利、共建共治的治理网络。政府治理起主导作用,以制度形式明确不同主体的权责范围,多维度考量主体的异质性诉求,发挥主体的治理能力;电商平台企业能够将社会责任意识嵌入企业战略和文化建设体系,挖掘算法内在潜力赋能内容治理,与政府建立联动治理机制,同时面向生态圈成员建立治理反馈和评估机制;传统制造业着力于平台化、模块化转型,协同政府政策激励劳动者回归,致力于劳动者职业生涯管理体系建设,以灵活的用工方式和长期利益吸引零工工作者重新回归制造业,从供给端缓解供求矛盾的现状。在政府牵头及电商平台企业的技术支持下,公众以关系赋权改变权力格局和游戏规则,同时工会在电商平台企业治理结构中制衡劳资权力。②协同治理机理可以拆分成目标协同、供需协同、横向协同和纵向协同。目标协同力求战略目标和战略导向的一致性,从而引导治理系统高效运行;供需协同要求从治理需要出发,匹配相应的治理主体及治理路径;横向协同包括主体之间和路径之间的协同;纵向协同指需要跟随事物的变化规律,在不同发展阶段创新协同模式攻坚克难。

电商平台企业是集采购、交易、交付、物流于一体的组织形式,促进资源和要素的流动和优化配置,促进实体经济发展,引领国际规则制定,但同时也存在严重的治理弊端。本章通过对协同治理实践的深入挖掘,发现协同治理在市场、平台、制度、政府和社会层面存在的困境,秉持目标协同和供需协同原则,以构建健康、开放、协作和共赢的平台生态系统为目的,根据现实多层面困境指明相应的协同方向与实施路径,解构"主体—路径"协同治理机理,促进外部制度逻辑和电商平台企业内部效率逻辑的统一,深化了平台治理理论发展。

在实践方面,推动电商平台企业协同治理,缓解电商产业格局下的治理冲突,推动电商产业转型升级,对提升电商产业组织竞争力具有重要意义。本章通过案例研究,识别电商平台企业多层面治理困境,希冀通过协同生态系统内治理主体和治理路径的高度耦合疏通经济循环堵点,补齐短板,提升电商产业的整体效能。

第8章 贸易摩擦对中国流通产业的影响机理及协同治理策略研究

一、贸易摩擦研究背景及综述

(一)研究背景

自改革开放至今,中国经济发展取得了较大的成就,特别是中国加入世界贸易组织后,中国对外贸易经济环境得到了改善,外向型经济发展的特征逐步显现,中国已成为美、欧等国家主要的贸易伙伴。随着中国对外贸易的蓬勃发展,双边贸易摩擦事件也日益增多。

贸易摩擦下我国企业面临严峻的考验,企业的行为选择也成为影响企业生存与发展的战略转折点。就以中美贸易摩擦为例,诸如中兴等企业在此次中美贸易摩擦中因前期没有做好整体战略布局,核心要素全盘掌握在他人手中,因此最终是支付巨额罚金的结局;而反观华为,尽管在本次贸易摩擦中不断被施压,但因为其具有战略全局观、危机应对意识强反而杀出了一条血路,再次巩固了自己在行业中的位置。随着中美贸易摩擦日益升级,短期内已经无法得到妥善解决,企业如何制定有效应对策略,将短期应激行为转化为长期策略行为,成为当前中美贸易摩擦背景下对企业行为进行研究的重点。华为和中兴这种独角兽企业面对贸易摩擦尚且如此,对于中小企业而言,发展生存之路更是难上加难。此时更需要企业清楚自身的定位,清晰了解贸易摩擦对企业影响的深度和广度,从而做出恰当、正确的选择。

(二)贸易摩擦现状分析

近年来,国际贸易保护主义不断抬头,国家间贸易摩擦频繁发生。为了保护本国产业和企业的发展,越来越多的国家诉求于世界贸易组织规章制度下的贸易救济措施,即限制出口国的产品在本国销售。中国是遭受贸易摩擦冲击的重灾区。根据中国贸易救济信息网出口应诉数据,1995 年至 2022 年,其他国家对中国发起的贸易救济原审立案累计 2240 起。企业作为国与国之间贸易摩擦的承担主体,其经营决策和财务行为必定会受到一定程度的影响。

当前,反倾销、反补贴和保障措施("两反一保")已成为应用最广泛的 3 种保护进口国产业的贸易救济方式。根据世界贸易组织的统计,1995—2021 年间,中国企业总共被发起反倾销调查 1534 起,连续 27 年成为世界上遭遇反倾销次数最多的国家。从相关数据可以看出,目前与我国发生贸易摩擦的主要地区有美国、欧盟、印度等(见图 8-1),行业多集中在化工产品、钢铁产品、金属制品等。随着世界经济的发展,各国之间经济贸易联系的逐渐增多,发生贸易摩擦的概率也越来越大,给摩擦国双方的经济乃至全球经济的发展都带来了消极且深远的影响。总体上,我国对外贸易摩擦现状有以下 3 个特征。

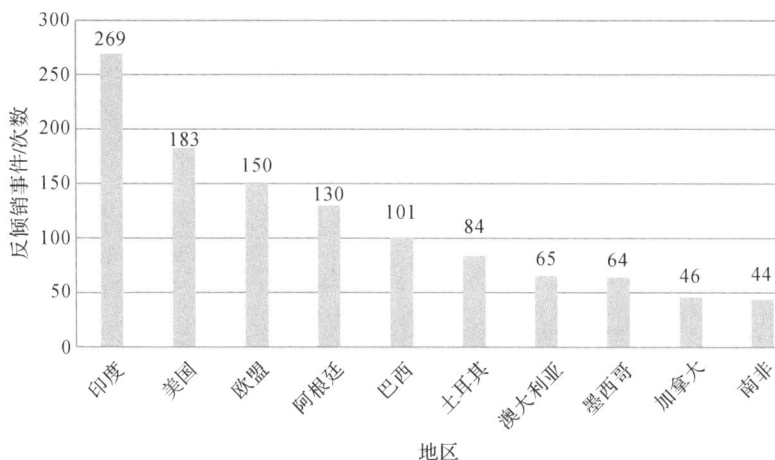

图 8-1　1995—2021 年间对我国发起反倾销最多的地区(前 10 名)

数据来源:中国贸易救济信息网。

1. 贸易摩擦对象增加

首先,从历史经验来看,经济欠发达国家贸易保守主义会比较严重,这些国家为了保护刚起步的国内企业,为了营造良好的生存环境,不得不实施较为严格的关税等保护措施。但是近几年,随着全球化经济的不断发展,我国参与对外贸易的产品种类和数量逐年增加,业务的拓展也导致贸易摩擦的增加,加上我国制造业水平的不断提高和高新技术产业的发展,与发展中国家之间的贸易摩擦逐渐转为与发达国家之间的贸易摩擦。以美国、德国和法国等为主的欧美发达经济体采取的贸易救济措施不断增加,升级了国家间的贸易摩擦。

其次,新兴市场也开始实行贸易保守主义,如欧美国家作为我国的主要出口国,以往是贸易摩擦的主要国,但是随着我国对新兴市场,如俄罗斯、印度和墨西哥等国的出口量的增加,每年出口增加率达 25％以上,出口贸易摩擦开始呈现出"小问题不断、大问题较少"的情况。

2. 技术性贸易壁垒成为贸易摩擦的主要形式

因具备较强的隐蔽性和动态性特征,技术性贸易壁垒往往成为一些经济体施行贸易保护的工具,使中国的高科技企业在海外市场频频受挫,给中国出口带来的损失每年更是高达数百亿美元。欧盟、美国的技术标准种类繁多,分别超过 10 万个和 9 万个,日本制定的与技术性贸易措施相关的法令多达 6000 条,涉及制造业、运输业、医疗卫生、农林水产、环境保护等多个领域。从商务部的调查来看,我国近九成的农产品及食品受国外技术性贸易壁垒影响,每年损失近百亿美元,其中大型农副产品企业的比重高达 55.79％。

技术性贸易壁垒不仅数量快速增长、要求日益严苛,更在彼此效仿中迅速形成体系,涉及范围从单一产品延伸至整个产业链。以前,技术要求往往只针对最终产品,现在则延伸到了产品设计、生产加工和包装运输领域,从使用、报废、回收到再利用,各个环节都制定了严苛的标准,给中国企业造成了更大的困扰,进一步提高了企业的生产成本。

3. 贸易摩擦涉及的产品种类和行业愈加广泛

在中国加入世界贸易组织的最初几年,价格低廉、低技术含量的纺织品和轻工业品一直是遭受贸易摩擦最多的产品。但最近几年各国对中国的反倾销调查案例中,除了纺织品、鞋类、钢铁外,还出现许多机电设备、化学品、电子产品等具有较高附加值和技术含量的产品。高科技产业逐渐成为遭遇贸易救济调查的"重灾区",由中低端产品向高端产品延伸成为当前贸易摩擦的显著特征之一。同时,遭遇国际贸易限制的领域由传统的货物贸易扩展到服务贸易、知识产权、投资等多个领域。

(三)文献理论综述

1. 贸易摩擦的概念

国际上对贸易摩擦的概念并没有形成一个明确统一的标准,不同的学者有不同的理解。通常来说,贸易摩擦是指在国际贸易中,即国与国之间在进行贸易往来的过程中,在贸易平衡上所产生的,一般是一国的持续顺差,另一国的逆差,或一国的贸易活动触及或伤害到另一国的产业。胡方(2020)认为,贸易摩擦存在于有经济联系的各种经济主体之间,他们为谋求经济利益、获取某种满意的结果而针对某种经济问题产生的矛盾与纠纷。王厚双(2008)则认为,贸易摩擦是指为了本国的利益,或为了本国的经济、政治、军事需要,或为了争夺商品销售市场而展开的限制进口和扩大出口的较量和冲突,甚至是激烈的对抗。其核心目标是采取各种方式和手段争夺世界市场。赵晓等(2018)认为,贸易摩擦是国际经济摩擦的一个子集,国际经济摩擦是国际经济交往中的一种相向行为或是由此产生的一种结果。苗迎春(2007)认为,贸易摩擦涉及的领域包括贸易、投资、汇率、货币、竞技者能测、经济制度各个方面,各个国家为了使本国利益最大化而展开的一系列政治、经济和外交斗争,是国家之间利益冲突和碰撞的一种表现形式。

由于引发贸易摩擦的原因不同,对经济、产业的影响也不同,对贸易摩擦进行分类,有助于建立贸易争端的解决机制,针对不同的贸易摩擦采用不同的解决方法。按照贸易摩擦的经济主体数量可以将其分为双边贸易摩擦、多边贸易摩擦、集团摩擦。按照贸易摩擦涉及的对象,可将其分为有形产品摩擦和无形产品摩擦。目前中国面临的商品摩擦形式分别是反倾销、反补贴、保障措施与特别保障措施、技术性贸易壁垒。制度层面的摩擦主要是知识产权摩擦、汇率制度摩擦等。

同时,摩擦不仅存在于发达国家与发展中国家之间,存在于发展中国家之间,同样也存在于发达国家之间。贸易摩擦的增加已经成为当今世界经济发展过程中的突出特征。在经济全球化日趋加速的当今世界,每个国家都把取消本国贸易壁垒作为一种换取进入他国市场利益的成本,在贸易保护思维原则下推动贸易自由化的发展。许多西方国家在其经济发展受挫时均无不强化贸易保护主义政策,以追逐本国经济利益最大化。

2. 贸易摩擦的特点

(1)贸易摩擦具有长期性和艰巨性。中国与其他国家贸易的长期性预示着中国必须做长期的准备,长期性也带来应对的艰巨性。贸易国反复无常一次次施压,使贸易争端持续反复。中国同其他国家之间的实力差距加大了贸易摩擦的艰巨性,然而还有一部分是来自中国内部的妥协。面对贸易摩擦,中国的舆论出现不同的声音:有些人认为中国过分自信和高调,招致他国的压制,面对压制中国不应该反击,避免贸易争端愈演愈烈;还有人认为,中国与部分发达国家之间科技实力悬殊,和其对抗自不量力。内部思想不统一,是影响中国取胜的最大阻碍因素,也使应对长期贸易摩擦的任务更加艰巨。

(2)贸易摩擦具有多样性和复杂性。中美贸易摩擦具有多样性和复杂性,主要表现为贸易摩擦的手段多样性和发起原因的复杂性。反倾销、反补贴、绿色壁垒、技术壁垒、知识产权壁垒、出口管制调查等是他国对我国发起贸易摩擦时惯用的手段。发起贸易摩擦的原因更是复杂。部分国家主张"本国优先",力图遏制中国科技的迅速发展。例如,在美国有一个"最根本定律",当一个国家的经济发展程度达到美国的60%的时候,美国便会视其为战略对手,对其进行打压。中国自改革开放以来,在经济上快速发展,成为世界上第二大经济体,甚至在政治、经济、科技上慢慢赶超美国,这让美国感受到了前所未有的威胁。中国高新技术产业的迅速发展,更是让美国恐慌,中国自然就成了美国的战略对手。

(3)贸易摩擦具有整体性和综合性。贸易摩擦不仅仅牵扯到两国之间的贸易,它还具有整体性和综合性,所以摩擦的范围已经扩展至外交方面、军事方面、科技方面和文化交流方面。例如,在外交方面,美国想要挑拨我国与其他国家的关系,让东盟、俄罗斯、印度等与我国对立;在军事方面,美国把中国视为假想敌,在北部不断进行军事挑衅,建立"美日韩军事同盟";在科技方面,美国试图联合其他国家打压中国企业,比如华为和中兴;在文化交流方面,美国编造种种罪名关闭中国在美国开设的孔子学院。

(4)贸易摩擦具有延展性和全球性。经济的全球化,注定除摩擦双方的其他国家在贸易摩擦中也不可能独善其身。贸易摩擦具有延伸性和全球性,其影响也会延伸到投资、货币等其他领域,甚至会蔓延到其他国家。中国处于全球价值链之中,如果美国对中国加征关税,限制中国出口,不仅给中国带来影响,该影响也会通过供应链、产业链和价值链影响到欧盟、德国、韩国等及其自身,还会影响别的国家在华投资的利益,令全球投资者感到恐慌。例如,美国对中国输出到美国的价值500亿美元的商品加征关税,但是这些商品70%是供美国企业使用的中间产品,加税必定会造成美国企业利润降低,而且会导致美国200万人失业。另外,此次中美之间的贸易摩擦令欧洲汽车行业深感不安,汽车股遭受重创,德国损失惨重。2019年5月13日,中国公布反制措施后,欧美汽车制造商股票遭到抛售,几乎所有的欧洲大型车企股价跌幅都超过1%,整个产业供应链受到冲击。据法国《欧洲时报》,如果贸易摩擦持续升级,欧洲汽车关税被纳入其中,势必将对欧元区经济产生影响,全球贸易额会继续下降。

3. 贸易摩擦的成因

(1)地域文化和贸易收益导致摩擦。随着经济全球化的推进,各国贸易往来是必然现象,但是因为各国文化、制度、习惯等之间存在差异,贸易摩擦无可避免。各国之间进行贸易都是为了给自身带来更高收益,贸易次数越频繁,出现摩擦的概率也越高。贸易摩擦没有具体规律,也正是因为没有规律可掌握,也就导致了没有完备的解决措施。

例如,一些学者认为,中美经贸摩擦产生的根本原因在于美国基于意识形态为防范中国的崛起而故意为之,是对中国的政治制度、政治体系根深蒂固的敌视情绪在两国经贸领域的反映,是把两国正常经贸关系政治化的一贯做法。雷达(2012)认为,中美经贸摩擦政治化的深层次原因是经济关注点从利益创造向利益分配的转移,并指出,中美两国意识形态上的特殊差异性是造成中美贸易摩擦政治化的重要原因。还有学者认为,美国的政治选举和美国对中国崛起的战略遏制(贾玉成等,2017)等,都会促使美国对华挑起贸易摩擦。

(2)商业政策引发摩擦。各个国家都有符合本国利益的商业政策,而各个国家的商业政策都会影响国际化贸易往来。建立世界全球化经济体系依赖于发展中国家和发达国家共同合作,但是发达国家因自身经济实力雄厚,在世界全球化经济体系内占据主导地位,便按照自身经济实力建立经济体系。而发展中国家由于自身经济实力弱,在全球化经济体系中处于劣势,对外贸易中缺乏市场主动权及企业合理规划理念,国内企业市场竞争力难以得到提升,在相关制度和规定上缺少相关法律法规保障,因此,国内企业在走向国际化时很容易与其他主体产生冲突。各国商业制度不同,对外贸易制度也存在着相对较大的差异,使得国际贸易摩擦日益增多,所以,必须要正视政治因素对国际贸易的影响。国家与国家之间意识形态和体制建设等方面都不同,而这些都能影响到贸易的正常往来。西方大部分发达国家都实行资本主义制度,而我国实行社会主义制度,这也导致西方资本主义国家不承认我国市场经济的地位,经常与我国发生贸易摩擦。

席波(2010)从政治经济学的角度分析中美贸易摩擦,他认为美国担心中国崛起威胁自身地位及为了政治需要等对中国制造贸易摩擦。任靓(2017)从经济动因和政治诉求两个角度分析了美国对华展开"301调查"的动机,认为美国制造贸易摩擦的经济动因是试图降低对华贸易逆差、遏制中国产业升级与减缓中国经济增长速度,其政治诉求是为2018年美国中期选举积累政治资本。

(3)贸易保护主义的影响。贸易保护主义是国际贸易摩擦产生的主要原因之一。在世界经济全球化发展浪潮中,国家与国家之间的经济发展必然不平衡,各国为了充分应对国际贸易挑战,纷纷制定了贸易保护主义政策。部分国家借助世界贸易组织规定设置贸易壁垒,从而保护本国企业发展。采取贸易保护主义是通过选择自身有竞争价值的产品,以相对偏低价格在国际市场上出售,以达到竞争力提升的效果,而相对于没有竞争价值的产品则在本国市场上出售,阻碍各国类似产品流入。这些严重违反了国际贸易主义秩序,导致国际贸易摩擦。

Liebman et al.(2007),Konings et al.(2013),Blonigen(2015),以及Vandenbussche et al.(2018)从价值链视角分析了本国上游企业实施贸易保护会严重增加下游企业的中间投入成本,从而降低其国际竞争力,抑制出口。还有部分学者关注了反倾销对中美产业贸易的影响。(李波等,2019)

4. 国际综合实力差别

按照目前国际市场来看,国家与国家之间实力差异巨大,在经济全球一体化中,发达国家从始至终都处于领先地位,在整个国际贸易中,占主导地位,在国际市场上掌握着话语权。发达国家综合国力雄厚,科技实力、创新能力都远远超过发展中国家,所以发达国家所生产的产品在国际市场上具有核心竞争力,进出口也占有竞争优势。而发展中国家本身综合国力薄弱,科学技术和创新能力水平偏低,所以生产的产品极少达到国际市场标准,这就导致发展中国家因为技术落后这一致命硬伤在国际贸易市场得不到相应收益而引起诸多贸易摩擦。

目前,对部分科学技术实力薄弱的发展中国家而言,其科学技术水平难以得到提升,产品在国际市场上缺乏竞争力,这就造成了国内整个企业生产成本高、收益小、规模得不到扩张,而这些国家在这种形势下不得不设置贸易壁垒对国内企业进行扶持,严控国外产品进口,因此引发了国际贸易摩擦。一般综合实力较弱的国家都缺少一套完备的市场运营机制和市场调节能力。缺乏科学技术引导市场必定让整个市场产品结构单一化,进出口不成比例,标准混乱,促使国家与国家之间贸易摩擦激化。

沈国兵(2008)指出,中美双边产品产业内贸易程度较低且美国处于贸易逆差失衡的产品最容易招致美国对华进行反倾销行为;柳剑平等(2009,2011)也指出,由于调整成本的存在,中美贸易摩擦更多地发生在产业内贸易程度较低的产业;张明志等(2019)指出,中美贸易摩擦将通过影响生产者行为、增加企业贸易成本和收益的不确定性等来推动全球价值链重构。

二、贸易摩擦背景下我国流通产业现状分析

(一)贸易摩擦背景下中国流通产业的运行现状

1. 中国流通产业运行现状与特点

中小企业经过几十年的发展,已经成为我国经济发展过程中重要的组成部分。截至 2019 年,我国的中小企业数量已经超过 3000 万家,经济规模在 GDP 中的占比已经超过 60.0%,为国家贡献了超过 50.0% 的税收收入。在全国各类型企业所进行的技术创新和改革中,有 72.0% 是由中小企业创造的。另外,我国中小企业为社会提供了大量的就业机会,为社会和经济的稳健发展贡献了积极的力量。

在我国中小企业开展国际贸易的初期,贸易产品主要集中在劳动密集型产

业,包括原材料、初级工业品和制品、轻工业产品等,这些产品的附加值不高,利润有限,开展"三来一补"产品贸易是中小企业国际贸易的主要方式。我国中小企业在进行此类产品对外贸易时,主要依靠薄利多销的战略获得收益。随着我国各类产业的发展和转型,越来越多的中小企业转向知识密集型产业,包括高新技术产品、知识产权与技术、先进制造业等。这些产业的产品附加值高,技术创新性强,在我国中小企业对外贸易中所占比例逐年增加。总体来看,尽管贸易摩擦对我国影响很大,波及甚广,但我国流通产业经济运行延续总体平稳、稳中有进的趋势。

以对外贸易大省浙江省为例,2019 年上半年出口总额提升,对"一带一路"国家和地区的进出口总额增长较快。根据省统计局数据,2019 年 1—5 月,浙江省出口总额同比增长 8.4%,高于全国平均水平 2.3 个百分点,同时民营企业出口额继续上升,1—5 月出口额达 6810 亿元,同比增长 10.2%,占全省出口额的 18.7%,可见面对严峻复杂的形势,浙江省民营经济保持着难得的稳健向上的成长态势。此外,从进出口国家分布来看,"一带一路"国家进出口额达 3918 亿元,同比增长 11.4%,对欧盟、日本出口额分别同比增长 10.0% 和 4.9%,对美国出口额仅同比增长 1.0%,对东盟、拉美和非洲等新兴市场出口额分别同比增长 17.0%、6.9% 和 13.3%。另外,工业产销增长,数字经济引领产业发展。1—5 月,规模以上工业增加值同比增长 6.1%,以数字经济为核心的核心产业增加值同比增长 10.2%,增速高于规模以上工业的 4.1%,高技术、高新技术、装备制造、战略性新兴产业增加值分别同比增长 10.0%、6.5%、6.1%、8.7%。同时,新产品产量快速增长,1—5 月,规模以上工业新产品产值同比增长 13.5%,经济增长动能加速提升。

2. 贸易摩擦对流通产业运行的影响

我国大部分企业,尤其是中小企业仍然以制造业为主。短期看,我国的制造业成本较低,在国际市场上具有物美价廉的优势,但是一些发达国家对此采取的反倾销调查等会对我国企业的出口产生不利影响。这些贸易摩擦,一方面会影响企业的对外发展,降低我国出口产品在国际市场上的竞争力与影响力,长期下去将会影响相关产业的发展;另一方面,贸易摩擦对企业产生了一定的警示,会促进企业进行技术革新,优化产业调整,改善出口结构,以使企业更加适应国际市场环境,参与国际竞争。

3. 增大劳动密集型企业出口压力

在我国流通产业外贸出口的产品中,低附加值的劳动密集型产品占比较高。近年来,出口竞争力正逐年下降,贸易摩擦愈演愈烈进一步增加了部分产业的出口压力。随着贸易摩擦的升级,劳动密集型出口企业将面临成本增加、产品销路萎缩、市场占有率下降的局面。出口企业在被迫转移目标市场、开拓新市场的同时,需要付出大量的时间、精力和开发成本,进而使得我国中小企业的产品在海外市场的竞争力进一步下降,从而失去更多国际市场的竞争机会。这对正在全面转型升级的劳动密集型出口企业而言,无疑增添了压力。

4. 抑制高新技术出口企业发展

他国在贸易摩擦中会采取的手段有提高出口关税、加大高新技术产品的出口成本、控制销路等,其中作为产品重要组成部分的高新技术,与产品的研发和设计制造等密切相关,这将造成我国中小企业获取这些高新技术和相关产品的难度越来越大,这严重阻碍我国中小企业的发展。

以中美贸易摩擦和浙江省为例,美国"337 调查"主要针对高新技术产品的出口,而浙江省高新技术产品的出口在全省占比较大,这对浙江省外贸的影响可想而知。海康威视作为全球领先的物联网解决方案提供商,2018 年其境外收入占据当期营业收入的 30.16%,而美洲市场则贡献了公司营业收入的 10%。在此次贸易摩擦中,海康威视前三季度的经营情况差距明显,第一、二、三季度单季的境外收入同比增长分别为 32.95%、22.41%、14.58%,增速明显放缓。

5. 影响服务贸易产业的发展

中国服务贸易的发展,在技术层次、发展规模、国际竞争力方面的提升,直接影响到相关国家是否继续长久地在世界服贸产业领域占有领先地位,故在服务贸易项目合作、人员交流学习、国际市场拓展方面,相关国家采取多种限制手段。比如,浙江省服务外包龙头企业英飞特电子(杭州)股份有限公司的主营产品 LED驱动电源被列入美国对我国出口商品征收额外关税名单,税率为 10%,使得企业经营成本上升,影响了公司的利润。

总的来看,目前贸易摩擦对我国流通产业经济发展的冲击可以用"有影响、可控制、需应对"来概括。首先,毋庸置疑,无论是他国加征关税,还是我国被迫反制,我国在这场贸易摩擦中都是受害方。从企业层面看,贸易摩擦会对部分外向型企业有影响,可能带来成本增加、订单下降等问题,使企业面临减产歇业、调整重组的挑战。其次,贸易摩擦对我国流通产业经济的影响是有限的可控制的。从价值产业链的角度看,贸易摩擦目前仅影响了产业价值链的两端,即主要波及劳动密集型的加工制造业和高新技术产业,并没有影响整个产业价值链,并且他国对出口商品加征的关税,将逐步向着产业链和价值链上下游传导,最终会由出口商、上游原材料和零部件供货商及他国的采购商分担掉,对于国内市场和消费者的影响程度不深且可控。最后,在贸易摩擦影响风险是可控的同时,我们还应客观冷静地看待我们与他国的差距,理性分析双方在此次经贸摩擦中的博弈情况,加快我国产业结构调整,采取措施,做到未雨绸缪。

(二)贸易摩擦背景下中国流通产业运行现状原因分析

为了应对严峻复杂的国际贸易形势,推动我国流通产业外贸稳定增长,政府和企业均采取了相应的应对措施以便充分挖掘危机中隐含的机遇,最大限度地降低贸易摩擦带来的负面影响。

1. 政府多措并举,各地积极应对贸易摩擦

2018年9月24日,国务院新闻办公室发布了《关于中美经贸摩擦的事实与中方立场》白皮书,旨在澄清中美经贸关系事实,阐明中国对中美贸易摩擦的政策立场,推动问题合理解决。随后多个省份积极响应并出台相关文件,从建立常态化应对机制、积极开拓多元市场、加快培育外贸新业态、推动外贸出口优化升级、优化外贸营商环境、加快推进国际产能合作、加大金融支持力度、加大出口退税支持力度、加大法律救济和就业帮扶力度、强化组织实施和督促考核工作等十个方面对有效应对中美贸易摩擦做了重点分工。同时创新机制改革,形成可推广可复制的经验。

2. 企业具备应对贸易摩擦的经验和能力

企业不断探索,直面贸易摩擦,力争"危"中寻"机"。一是加大自主创新力度。打铁还需自身硬,贸易摩擦带给商贸流通型企业的最大问题就是关税加征。作为制造型企业集中的温州经济技术开发区,一方面,各企业推进生产自动化和精益管理,从而降低生产成本和人力费用,摊平加征的关税;另一方面,企业提高产品品质,加强自主研发力度,掌握核心技术,靠品质和实力赢得外国企业的信赖。二是多元化布局。面对市场的不确定性,既要谋长期发展,也要应市场之变。首先,企业依托国家"一带一路"倡议,加大对"一带一路"国家和地区的投资,2018年投资额达到了36.74亿元;其次,企业借助义乌国际综合贸易改革试点,逐步摆脱代理包销的出口方式,通过并购、自建等方式在美国拓展品牌、延伸价值链;最后,企业不仅要积极"走出去",还要学会"走回来",积极拓展国内消费市场,实现市场多元化战略。

三、贸易摩擦对我国流通产业的影响机理分析

(一)价值链视角下贸易摩擦对流通产业的影响

电商及大数据技术的发展迅速改变了传统商贸竞争格局,打破了国家和地区之间的传统贸易流通方式和习惯,降低了贸易流通限制,加速了商贸流通产业的升级,促使我国商品贸易"走出去",进军国际市场。然而,近年来的新贸易保护主义和贸易摩擦深刻影响着我国在全球价值链中的位置。各个国家为了捍卫其在全球价值链中的地位,采取了一系列措施遏制其他国家在全球价值链中的发展。在价值链和供应链的视角下,采购商、贸易商、生产商及相关的物流商和下游的服务商共同组成一条价值链,价值链上的企业均是利益共同体。这也从另一个视角,从更大的范围阐述了全球经济一体化的趋势和现状。无论身在何处,同一价值链上的企业一荣俱荣、一损俱损。

然而,在全球贸易摩擦和新贸易保护主义的危机下,从价值链视角来看,中国终将面临"转出去""进不来""出不去"的困境,甚至最终遭遇断链、脱链的风险。一方面,美国等国家通过将我国企业纳入"实体清单"(Entity List,EL)和"未经核实清单"(Unverfied List,UVL)的方式阻止我国企业以嵌入全球价值链的方式来实现技术赶超;另一方面,多国通过多次加征关税的形式增加双边贸易成本和产业链成本,加快部分产业链的回迁与转移,中低端劳动密集型产业会加速流向东南亚等地区,中高端制造业向美、日、韩、德等国家转移,从而最终影响跨国公司在中国的生产决策布局。

1. 出口难度加大,国内企业"转出去"

在贸易摩擦环境下,中国进口产品面临着来自别国不断提高的征税压力,同时高昂的成本导致我国中低端劳动密集型企业向成本优势较为明显的东南亚地区转移。野村证券调查数据显示,中美贸易摩擦产生以来,越南、智利、马来西亚等经济体普遍受益,转移贸易订单量占各经济体的比例依次达到了7.9%、1.5%、1.3%。美国商务部数据显示,2019年1—4月,美国进口了214.8亿美元的越南商品,同比增长了近40%。越南为了抓住这次"替代机遇",当时便计划在2019年底取消对国有及上市公司的外资所有权限制以吸引外资。虽然中国制造业的转型升级是这次产业转移的内在动力,但不断加剧的国际贸易摩擦与冲突,无疑阻碍了产业转移的进程。

在贸易环境不确定性增加、出口难度不断加大的整体环境下,我国商贸流通产业发挥了对上下游产业链的整合功能。商贸流通产业一方面采取流通技术与生产领域协同发展的方式,通过优化供应链内部组织管理模式达到降低交易成本、增加企业利润的目的,实现整个产业从商贸流程到信息的协同管理。另一方面,利用电子商务技术手段将采购订单、发货入库、结算清单、付款对账等环节全面整合,实现在线服务,以此解决全球贸易环境不确定性带来的出口难度增加的难题。

2. 经营成本增加,国外企业"不进来"

以智能制造为引领的全球制造业变革已经成为新一轮全球产业竞争的焦点。各国为了吸引中高端制造业投资,大多出台了一系列关于土地、财税、人才、水电、基础设施等优惠政策。我国制造业正处于由大变强、爬坡过坎的关键阶段,而美国把中国输美商品的关税从10%上调至25%,迫使在我国的中高端企业向美、日、韩、德等国家转移。技术创新能力薄弱始终是我国制造业国际竞争力的最大短板,美国接二连三加征关税之举,使得中高端企业布局中国难上加难。此外,我国人工、土地及其他要素成本价格全面上涨,在人口红利丧失,国家税费、融资、物流、土地、原材料等成本居高不下的现实情况下,企业运营综合成本不断上升。

国家制造业经营成本增加,中高端企业逐渐向外转移,且国外企业同样受贸易摩擦影响不进中国市场。我国商贸流通产业在此环境下,应当不断加快电商营销、直播营销、新媒体营销等,通过各类营销手段促进商贸市场日益活跃、市场空间不断扩大。伴随着我国产业变革与科技变革,信息化、网络化、智能化技术飞速发展,大数据、互联网、区块链、人工智能技术等加速推广应用,推动商贸流通企业经营模式和市场营销模式变革,不断催生产业新模式、新业态,使流通主体更加多元,形成一套促使自给自足、高效运行的流通产业商业模式。

3. 全面封锁围堵,高精尖科技"进不来"

在全球贸易摩擦和冲突不断的背景下,尤其是自 2018 年中美贸易争端加剧以来,美国商务部先是以国家安全和外交利益为由,将 44 家中国军工科研单位列入出口管制清单,实施技术封锁,继而又将华为等多家中国企业列入技术限制清单,实施封杀。美国执意采取的关税政策及科技围堵与封锁政策,矛头直指中国高科技领域,意图通过对华科技围堵与封锁来全面遏制中国崛起。全球贸易摩擦范围的延伸,给中国技术引进和升级带来了诸多困难,比如使得中国难以在尖端技术领域与发达国家交流学习,也难以获得高精尖的产品,存在着"脱链风险"。

在全球贸易环境闭塞的状况下,我国流通产业应牢牢把握"十二五"期间国内经济的新一轮增长机遇,利用国内经济大循环与区域经济合作契机扩大国内贸易,引进资本、技术和人才,提升产业整体素质水平,进一步活跃市场。

(二)贸易摩擦对中国流通产业的影响传导机制及其应对策略

1. 贸易摩擦对流通产业的影响传导机制

为了应对全球贸易摩擦带来的负面影响,虽然政府和企业采取了一定的措施,但总体上看,这些举措大多站在宏观视角及静态角度去看待问题,没有意识到贸易摩擦影响程度不同的企业对于贸易摩擦的应对能力是不同的,从而导致现有的应对策略是笼统的、不准确的。商贸流通产业不同于传统制造行业或服务行业,贸易摩擦和冲突的环境加剧流通产业面临的困境,对构建基于内外贸一体化的自主控制的商品流通渠道体系及覆盖全球的流通基础设施体系产生巨大压力。各国为了捍卫其在全球价值链中的地位,采取了一系列措施遏制中国在全球价值链中的发展,力图迫使中国处于与国际脱轨的境地,最终实现让中国企业断链、脱链的意图。因此,企业要想积极应对贸易摩擦,必须找到贸易摩擦对企业影响的传导机制,在此基础上才能对症施策,精准发力。同样地,不同类型的企业对于贸易摩擦的适应能力是有边界的,应对策略不能对所有企业一概而论。因此,贸易摩擦对我国流通产业的影响需要从价值链的视角出发,从企业、产业、行业、地区等多角度综合评估,从而分类、分程度、有针对性地制定应对策略。

外部贸易摩擦对企业的影响主要表现在两个方面——企业广度层面和企业深度层面。

具体而言,从贸易摩擦影响企业广度层面上看,贸易摩擦对企业的影响从价值链的视角可以划分为三个维度,分别是影响企业的资源配置、商业模式、核心能力。首先,当贸易摩擦仅影响价值链的某个环节,并未改变整个价值链时,贸易摩擦会影响到企业的资源配置;其次,当贸易摩擦已经波及价值链的关键环节时,会改变企业的商业运作模式,诸如市场的转变、产品质量的升级等;最后,当整个价值链受到贸易摩擦影响时,已经影响到企业的核心能力。

从贸易摩擦影响企业的深度而言,对于价值链中每个环节贸易摩擦的影响按照影响程度和范围可以划分为三个维度,影响程度由弱到强分别为缓进式影响、渐进式冲击、激进式变革。进一步地,将影响的广度和深度综合考虑,可以将中美贸易摩擦背景下受影响的企业划分为五种类型,即市场波动型、贸易限制型、资源控制型、产业遏制型和全面封杀型,具体见图8-2。这种划分方式是依据全球贸易摩擦对企业价值链产生影响的全过程,在类别和程度上针对贸易摩擦影响企业的成本、贸易、资源、价值和战略进行分类,构建了一个完整的框架结构,同时针对不同类型的企业精准施策,形成了一套有的放矢的应对策略,能够有效提升应对质量与成效。

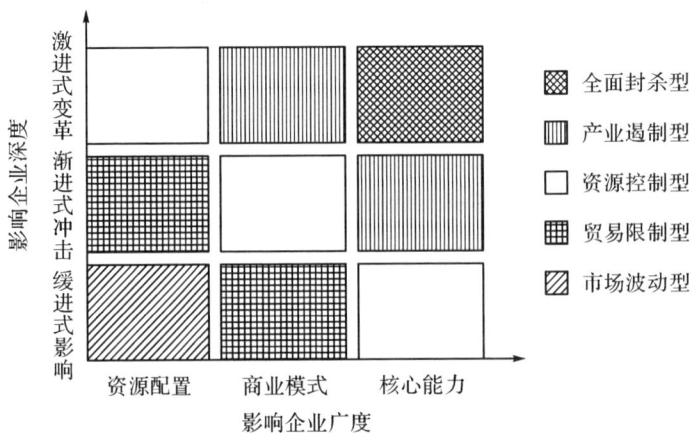

图8-2 贸易摩擦背景下影响的企业划分

2. 中国流通产业面对贸易摩擦的应对策略

(1)市场波动型:建立预警机制,规避市场风险。对于市场波动型企业来讲,因其在资源配置和影响程度上都是属于较低的维度,故全球贸易摩擦并没有真正改变或影响这类企业的整条价值链,而仅仅是受贸易摩擦影响有所波动或涉及某个价值链环节。但是此类企业必须认识到市场是有波动的,不能掉以轻心,因为企业在波动过程中具有很大的风险。因此,该类企业要具有一定的风险调控机制,可以通过建立相应的预警机制,紧跟政府政策,合理规避市场风险,诸如制造型出口企业应当及时催收货物、与买家及早协定货物价格,物流企业应当预留足够的配送时间及时刻关注国际关系发展状况等,以防患于未然。

(2)贸易限制型:开拓多边市场,打破贸易壁垒。贸易限制型企业,是指在国际有贸易往来的一般型企业。贸易摩擦影响到其价值链的一端,比如原材料的供应,我国大多数的劳动密集型企业均处在该范畴,此类企业可以通过扩大海外市场,积极加快对新兴市场,特别是"一带一路"国家的新兴市场的开发,来减少全球贸易摩擦带来的影响。企业可以转移投资渠道,将对美国等高风险国家或地区的投资转移到流水线高度化、劳务风险比较低的墨西哥、加拿大等国。

(3)资源控制型:延伸产业链条,构建价值网络。对于资源控制型企业,全球贸易摩擦所带来的影响已经深入企业价值链中的多个环节,企业不能再仅局限于单条价值链,否则就会面临脱链、断链的风险。企业需要去延伸产业链条,诸如寻找替代品、开发新的产品线等,构建价值网络。

(4)产业遏制型:加大研发投入,提高创新能力。对于产业遏制型企业,贸易摩擦所带来的影响不仅仅波及个体企业,而已经上升到一个产业的多个价值链环节,因此企业要加快转型升级的进程,加大产品研发力度,提升企业的核心竞争力。在他国走向极端保守主义时,我们不因循守旧,而应借势加大改革力度,坚定不移地深化供给侧结构性改革,加快体制机制创新,特别是加快人才机制创新,摆脱对他人的路径依赖,同时应进一步完善知识产权保护制度,纠正知识产权使用中的不合法行为,不给外国企业以侵犯知识产权的口实,使自己在国际竞争中占据主动地位。

(5)全面封杀型:审视整体布局,实现战略转移。对于全面封杀型企业,不管是对企业的核心能力还是对企业的影响程度,贸易摩擦已经撼动了整个产业的价值链,贸易摩擦带来的矛盾已经到了一种无法挽回的地步。针对这类企业,有必要采取战略退出机制,离开当地市场,另辟蹊径,保持企业健康稳定发展。

综上,全球贸易摩擦及新贸易保护主义影响下的企业类型与企业的应对策略如表8-1所示。

表8-1　全球贸易摩擦及新贸易保护主义影响下的企业类型及其应对策略

企业类型	应对策略
市场波动型	建立预警机制,规避市场风险
贸易限制型	开拓多边市场,打破贸易壁垒
资源控制型	延伸产业链条,构建价值网络
产业遏制型	加大研发投入,提高创新能力
全面封杀型	审视整体布局,实现战略转移

(三)价值链视角下企业的策略方向

1.巩固我国在发达国家市场中的整体地位

一旦从现有的全球价值链中脱链,若想在价值链中重新占据一定的位置,难度无疑会更大。因此要想巩固我国在发达国家市场中的整体地位,短期内必须拿出宁可让利、不可失地的决心建立"保订单去清单"的预警机制。一方面,通过减税免税、降低成本的方式最大化地留住现有的订单客户;另一方面,政府应加强与企业之间的配合,力争将加征关税的清单量最小化。长期来看,应完善产业链集聚区配套设施建设,形成集聚网络的优势,提升中国产业链在发达国家市场中的黏性。

基于全球价值链的生产一体化形式,既是国际分工体系的必然趋势,也是全球化的必然结果。在技术革命、新贸易保护主义及新冠疫情的共同影响下,我国商贸流通产业嵌入全球价值链的路径和效应也在不断发生着变化。如今的中国已是世界第二大经济体、世界制造业第一大国和第一大贸易国,嵌入全球价值链的方式也不再局限于承接国际产业转移,而是依靠自身能力以完整的商贸一体化体系逐步攀升价值链的高端环节。也就是说,我国凭借全球制造中心和覆盖全球的流通基础设施体系深深嵌入全球价值链之中,成为价值链的重要环节。

2. 巩固我国劳动密集型制造业在全球价值链中的地位

基于产业经济学的"微笑曲线理论"(指在产业链中存在一条呈微笑嘴形状的曲线,呈 U 型),产业链中的附加值更多地体现在微笑曲线的两端,左右两端分别代表高附加值的研发和营销,而中间代表附加值低的加工制造环节。劳动密集型制造业的附加值较低,且处于全球价值链的低端工序环节,很难获得持久发展和贸易利益优化升级。因此,微笑曲线理论表明,为巩固我国劳动密集型制造业在全球价值链中的地位,关键是从附加值低的加工制造环节向附加值高的研发设计和营销管理环节延伸。

目前我国的制造业仍处于全球价值链中附加值较低的加工环节,传统制造业的转型升级是改变这一状况的必然举措。商贸流通体系中的制造业在转型升级为更加适应国际市场需求的优质制造业后,还需在国内形成高度专业化的合作生产体系,提升全价值链的专业度,最终达到不只是提升某个环节的地位,而且是实现整个产业链地位提升的目的。

3. 提升我国企业在"一带一路"国家的市场地位

在他国对中国采取遏制的强压下,中国为避免长期面临脱链风险,应积极主动加快进口替代。"一带一路"形成的大流通是区域经济的内生动力,非洲市场和东南亚市场等拥有广阔的市场空间,为我国企业对外发展提供更多机会。同时,对外投资是"一带一路"的重要内容,这与国内投资一同为我国的商贸流通产业提供了较好的发展机会,而现代经济环境中的商贸流通效率是产品价值实现的关键因素之一。

目前,中国为"一带一路"国家中最大的贸易伙伴国、最大的出口产品市场和对外直接投资来源国。基于各国比较优势,将中国优势产能和优质资源与欧洲发达国家关键技术,以及"一带一路"其他国家的发展需求结合起来,增强我国企业在"一带一路"等国家中的整体地位。相互扩大开放和资源整合利用,将有助于形成"一带一路"大联通的要素市场、服务市场、资本市场、技术市场等,促使更多的"一带一路"国家融入全球供应链网络体系,实现生产率的大幅提升。

4. 提升我国先进制造业在全球价值链中的地位

打铁还需自身硬,在关注我国劳动密集型制造业价值链提升问题的同时,增强我国先进制造业在全球价值链中的地位同样重要。新贸易保护主义尤其是特朗普上台后对华实行的大规模高额关税等行为,不仅打压了中国贸易行业,更是将贸易摩擦延伸至先进制造业、高科技及金融等领域。不仅如此,美国还对中国企业进行长臂管辖,先后对华为和中兴等进行经济制裁。受此影响,提升中国先进制造业在全球价值链中的地位已成为我国目前亟待完成的重要任务。

提升我国先进制造业在全球价值链中的地位,关键是以提高原创研发设计能力、突破关键核心技术瓶颈为重点,推动创新战略从跟踪模仿向引领跨越转变,推动传统制造业转向先进制造业的改造与升级。目前,我国主要通过转方式、调结构、补短板等方式加快促进产业结构升级,不再是以量取胜,而是以质取胜。同时,加快由世界制造中心向世界创新中心、专利中心转变的进程,提高我国在全球价值链中的地位和话语权。

(四)贸易摩擦背景下对中国流通产业的协同治理策略

1. 贸易摩擦背景下的协同治理模式

在新贸易保护主义和各国间的贸易摩擦下,从价值链视角出发将我国受到贸易摩擦影响的流通型企业按照影响程度依次分为市场波动型、贸易限制型、资源控制型、产业遏制型和全面封杀型。不同类型的流通企业受贸易摩擦的影响机制各有差异,因此在治理模式及治理措施上也应具备针对性。企业受外部环境影响越深,协同治理的效果越明显。并且,面对国际关系恶化的局面,企业的应对能力是不同的,应该根据环境不确定性对企业影响的传导机制对症施策、精准发力。

从企业社会契约理论视角看,企业是一系列契约的有机组合。Jensen et al.(1976)认为,企业是各种生产要素所有者之间及他们和顾客之间的一系列契约的集合。市场上既存在着产品的供应方和需求方,也存在着生产要素的供应方和需求方,而某项最终产品从原材料的购买到最终产品的销售直至顾客的消费需要相当长的过程。这一过程可能需要一系列连续的交易环节才能完成,而交易环节的增多必然会增加产品生产过程中的契约缔约者。企业这一组织形式以契约的方式将企业的各个契约方捆绑在一起,因此,任一契约的断裂都会影响企业的正常运营。已有研究表明,企业在制定策略时会同时考虑到企业受外部环境不确定性影响的类型和程度,从而采取不同的策略,针对不同类型的企业精准施策,形成一套有的放矢的应对策略,才能有效提升应对质量与成效。

当企业处于市场波动阶段时,仅仅生产成本上升,企业经营受到的影响并不大。此时,通过企业内部公司治理即可规避在此阶段面临的风险。已有研究证明,完整的公司治理能够明显提升企业绩效和企业价值。此外,Cheng et al. (2011)也通过研究表明,公司治理能够降低企业投资、并购行为的风险,保证企业的稳健经营。因此,对于处于市场波动阶段的企业,公司治理可以有效地降低贸易摩擦给企业带来的风险。

在贸易限制和资源控制阶段,企业原有价值链遭到破坏,企业与企业间的契约不再稳固。在价值链分工体系下,随着产品中间环节的增加,价值链在面临突发状况时的不确定性和断裂的风险就会增大。贸易摩擦的增加会导致价值链随时出现断裂,使深嵌价值链的企业难以运营。如果企业与其他企业间的联系越多、越密切,在面对贸易摩擦冲击时的选择就越多,企业可以通过释放多样化的外部资源的方式规避掉外部风险。因此,此时应进行价值链治理,延伸产业链,构建企业价值链网络,或进行价值链重构,形成企业新价值链,解决企业在资源控制过程中的问题。

在产业遏制和全面封杀阶段,企业与上下游各方相关企业的全方位联系被切断,企业所有相关契约完全断裂,此时需要国家参与治理。国家治理是国家制度和制度执行能力的体现,具体指的是在经济、政治、文化等各领域的一套相互协调的国家制度,以便充分发挥国家的作用,提高治理能力。已有研究发现,更加稳定的政治制度和强大的法律保护能改善企业面对外部环境不确定性下的经营状况。此外,也有文献从监管控制、政治民主和资本投资三个维度考察了政府治理的有效性。Sugathan et al. (2015)也发现政府治理能够有效降低外部冲击对公司发展的影响。

总体而言,要根据受贸易摩擦影响的程度及我国流通产业的特点,重新设计、优化协同治理体系,明确不同治理主体的责、权、利关系,提升治理主体相互之间的协同度,建立多元主体的协同治理体系。

首先,企业需要承担主体职责。在流通产业的治理体系中,不论是制造企业、物流企业、销售企业还是服务企业,都应严格加强企业管理,不断增强企业自律性,从企业内部积极寻找应对外部贸易摩擦的措施,全面承担起协同治理的主体责任。其次,行业需要承担让企业在全球价值链中发挥作用的责任。由贸易摩擦对我国流通产业的影响传导机制中可知,企业在全球价值链中越占据中心位置或者越占据重要位置,企业越不容易在贸易摩擦中受到影响。从行业角度看,商贸流通产业应积极结合电商平台企业,拓宽行业发展面,寻找更多利益相关者,使自身处于价值链中心位置。最后,政府需要发挥主导作用。政府的主导作用不仅指在国际环境恶化且影响流通产业发展的状况下积极调动国家力量,在经济、政治和文化各方面形成相互协调的国家制度,也指政府在规范相关制度的同时在引领其他治理主体参与治理等方面发挥积极正面的作用,使社会及各方力量广泛参与、优势互补,形成多主体治理,体现出协同治理的优势。

2. 贸易摩擦背景下的协同治理具体措施

(1)企业:主动融入"一带一路"建设,大力提升国际商贸流通全球化、便利化水平。为应对国际贸易摩擦,企业应主动融入"一带一路"建设,加强与"一带一路"国家的经贸合作,拓宽国际市场,发挥全区域带动作用。在我国重大战略布局下,要积极利用多边平台和国际合作机制,支持商贸流通企业打造具有国际影响力的平台,带动中国产品、技术和品牌走向全球,与国际市场实现优势互补、共赢发展。此外,要积极推进基础设施建设,加强国与国之间的基础设施互联互通,为国际化贸易畅通奠定良好基础。当然,不仅要在基础设施建设方面,更要对接相关国家各领域的合作战略,遵循"共商共建共享"原则,围绕"政策沟通、设施联通、贸易畅通、资金融通、民心相通"的内容,以贸易促成国际深度合作,不断提升对外经贸合作水平。

(2)行业:大力发展跨境电商平台,促进全球商贸流通一体化进程。在国家重大战略布局下,关注国际电商发展趋势与动态,完善跨境电商发展环境,鼓励企业与电商平台合作,拓宽国际市场,推动产品出口和企业"走出去"。一方面,政府要加大对跨境电商的支持力度,打造跨境商务平台,支持电商交易平台的经营与规模化发展,以此打造新型贸易方式;另一方面,深化我国流通产业与互联网行业的合作,积极融入经济全球化,融入"一带一路"建设,健全境外营销网,完善跨境电商体系。此外,行业领头与目的国市场国家政府要建立有效的沟通协调机制,打破物流、贸易、电商等企业之间的壁垒和限制,实现信息共享与互联互通,提升我国流通产业的国际竞争力。

(3)政府:顺应全球产业时代潮流,不断促进传统商贸流通企业转型发展。合理利用政府资源,依靠政府力量将境内与境外资源进行整合,形成整体优势,使物流业、商贸流通产业、服务业等形成"走出去"联合体,联合出海,形成资源共享、优势互补的流通产业联合体。政府还应顺应全球市场需求,加快商贸流通企业的转型升级,通过提升产品、技术、员工的竞争力向产业链和价值链的中高端迈进,在国际市场竞争中获得主动权。同时,促进企业与进出口银行、亚投行等金融机构的合作,创新投融资模式,加快推进流通产业的物流基础设施建设。

(五)流通产业应对贸易摩擦的经验与总结

1.应对贸易摩擦之国家层面

(1)扩大内需,降低对海外市场的依赖。经济的健康、独立、有序发展主要体现在本国经济的防风险、防冲击能力不断增强,而作为拉动经济增长"三驾马车"之一的消费是我国经济发展的重要拉动力。我国是全球最大的消费市场之一,如果能有效提高内需,必然会降低对出口的依赖。因此,应采取多手段、多途径刺激国内消费,并且通过降低银行存贷款利率来优化消费环境。同时,改革收入分配制度,提高工资水平,进而刺激消费,构建一套涵盖教育、住房、保健、医疗等方面的社会保障机制,并使之发展成熟,保证人们在满足日常生活之余,有可支配收入用于消费,从而达到扩大内需、促进经济发展的目的。贸易摩擦归根结底在于国家间不对等的贸易依赖。我国对美国的贸易需求相对强烈,致使美国在经贸往来中更有话语权,而我国与世界各国构建多元化的贸易关系,是改变现状的最佳渠道。

因此,我国应加快推进全球投资协定谈判,推进自贸区建设进程,积极促成中日韩自贸区、中欧自贸区等的建成与使用。同时,通过开辟多元化的出口市场,促进与其他国家和地区的互利共赢合作,减弱对单一市场的依赖性,保证经济独立、自由发展。我国要坚定不移地深化改革、扩大开放,以创新为经济发展的驱动力,加快建立现代化经济体系。通过出台相关的可提升贸易自由度的法律法规、降低市场准入门槛、创建更加完善的负面清单管理机制及实施金融领域全面开放政策,为国际投资商提供优越的投资环境,增加国外企业在国内的投资额,进而促使对外贸易总量快速增加。

(2)强化合作,加深与世界各国的多边往来。强化多边合作,与信用度高并愿意合作的国际力量,建立新型商贸关系,形成新合作生态。特别是拓展与"一带一路"国家和地区合作的广度和深度,与上合组织、金砖国家、非盟、东盟及欧盟等建立更加紧密的经贸合作关系,以此推动平等互利、自由贸易和新全球化,引领新时代国际合作发展新潮流,开创新局面。通过营造多边合作发展的国际环境和舆论氛围,逐步孤立单边主义,消除贸易摩擦,回到合作的路上,使各国最终明白:合作可以双赢,合作才能更好地发展。

(3)利用规则,运用世界贸易组织贸易争端解决机制。新贸易保护主义不仅严重损害了包括中国在内的众多国家的权益,同时也是对世界贸易组织权威性的挑战,更是对国际贸易秩序的破坏。我国应在国际上寻求法律援助:一要充分运用世界贸易组织贸易争端解决机制,在国际组织的协调下,及时与实行贸易保护主义的国家进行沟通交流,在维护本国利益的基础上与之完成贸易谈判;二要积极参与某些国际贸易准则的制定,以保障公平性和公正性;三要筑牢本国的法律堡垒;四要对故意破坏国家间贸易关系或加深贸易矛盾的他国行为,及时运用世界贸易组织相关规定予以反击,为本国赢取一个公平、稳定的国际贸易环境。

国家间的贸易摩擦,往往体现为设置技术壁垒、环境壁垒及知识产权壁垒等。而其解决办法多是对话及谈判或者由国际贸易组织(如世界贸易组织)等裁决。对话及谈判是解决贸易摩擦的有效途径之一,但是如果通过这类方式无法解决贸易摩擦问题,则会依托国际贸易规则及法律,如通过世界贸易组织的贸易争端解决机制等来解决。通过这样的方式解决贸易摩擦问题,对于中小企业来说,是相对公平及有效的。这就要求我国政府及中小企业熟悉世界贸易组织的争端解决机制及相关的法律法规,同时密切关注各国针对我国贸易的政策的变化情况。我国中小企业的行业协会及国家相关的国际贸易研究机构,也应该对国际贸易准则和法律法规进行充分的研究和判断,做好相关信息的搜集及整理工作。这样可以在国际贸易规则和法律法规的框架下,进一步提高我国中小企业应对贸易摩擦的能力。

2. 应对贸易摩擦之行业层面

(1)加快产业结构优化步伐,改善对外贸易商品结构。我国应加快产业结构的优化升级,调整对外贸易商品结构,加大供给侧结构性改革力度,重点提升高新技术产业的发展质量和速度,不仅要加强对新技术的引进吸收,更要提高自主创新能力,尤其要重视对新能源、新材料的研发与应用。同时,要调整和完善市场竞争机制,促使产业结构渐进式优化。政府应加大对高新技术产业升级的资金扶持力度,加强人才培养,通过提供优良的科研环境鼓励研发新产品,创新技术。我国产业链得到优化,外销产品不仅多样化,而且出口结构也灵活调整,这对于改善中美贸易关系也具有一定益处。尽管我国外贸出口商品结构中高技术产品占有一定比例,但能与发达国家相抗衡的产品却较少。当前,我国出口的商品仍具有明显的劳动密集型特征,如制造品、纺织品等。其技术含量不高且竞争优势匮乏导致出口价格普遍偏低,频频被戴上“倾销”的帽子。从长远发展看,致力于出口价格低、技术含量低的产品生产不利于企业的发展壮大。企业要以长足的眼光引进专业技术人才和高精尖技术,改变经营理念,树立创新意识,强化内部控制,尽快将产品打上“中国创造”的烙印。此外,我国应加快“科技兴贸”的发展步伐,通过增加附加值、扩展服务项目等方式,满足不同层次消费者的需求;凭借科技进步提升出口产品的质量、档次,转变当前出口产品的结构,增加技术含量高、附加值高的制成品的出口份额。

(2)增强行业整体自主创新能力,抵御贸易摩擦冲击。科技及产品创新能力是企业发展的核心动力。创新能力的高低,决定了企业能否优质高效地发展。对我国中小企业来说,尤其是高科技高技术型中小企业,科技创新能力则更为重要。中小企业由于具有灵活的结构和机制,能够更好地激发出自身的潜能。但从目前的情况来看,虽然我国中小企业具备一定的研发和创新能力,但是其中很多依然需要依托国外的先进技术和产品来保证自身创新能力的提升。因此,当出现贸易摩擦的时候,他国必然会设置技术或知识产权壁垒等。在这样的情况下,势必会对我国中小企业的发展带来较大的影响,如果企业发展的核心动力受制于他国,当出现贸易摩擦时,我国中小企业将处于被动的局面,这对于后续的贸易摩擦解决也将造成更多的困难。因此,必须大力鼓励我国中小企业提升科技和产品创新能力,降低对他国技术和产品的依赖程度。只有这样,才能在贸易摩擦出现时占据主动,从而更好地抵御贸易摩擦带给中小企业的冲击。

加快技术进步的途径包括技术创新和技术引进。技术创新是大量的人力、物力、财力和时间的有效结合。因此,在企业生产中应倡导产学研一体化,这样既可解决资金短缺问题,又有利于科技成果的转化。技术引进主要是通过技术贸易的方式购买专利等知识产权或引进来自机器设备零部件的知识和技术,进一步节约科研时间,缩短与发达国家在技术层面的差距,最终为我国后发优势的形成提供动力源。但从发达国家的角度而言,为保持本国产品在国际市场的竞争力,其向我国转让的技术并非本国最先进的技术,而是二三流或是已经淘汰的技术。所以,我国不能只是发达国家的技术追随者,而要将引进来的先进技术在消化吸收的基础上进行改良和创新,最终实现自主创新能力的提升。我国企业作为知识产权纠纷最大的受害者,为扭转不利局面,应加大自主研发力度,加快技术创新机制的构建。通过政策保障、人才引进及科技攻关,确保企业在知识产权体系建设过程中的主导作用。一方面,企业应充分认识到技术创新的必要性和重要性,不断提高研发资金在所有投资中的比重,在保证正常经营的基础上,针对技术研发设置专项资金;另一方面,企业应大力培养复合型人才,确保高管人员不仅懂管理、懂技术、懂营销,而且掌握丰富的与知识产权相关的知识。

(3)建立流通产业贸易摩擦预警机制,降低贸易不确定性。建立信息发布和通报平台。密切关注我国遭受贸易摩擦影响的新动向和新形式,建立信息发布平台及时向相关部门传递信息,以便有关部门及时采取应对措施;针对贸易摩擦引起的贸易诉讼,及时通知相关行业和企业,引导企业积极应诉。充分利用世界贸易组织咨询中心、世界贸易组织《技术性贸易壁垒协议》(*Agreement on Technical Barriers to Trade*,TBT 协议)咨询点、世界贸易组织法律实务咨询中心和外国贸易救济信息网的服务功能,为企业提供有关公平贸易政策咨询和贸易信息发布等服务,为受贸易摩擦影响的企业提供法律支援。随着技术性贸易壁垒的不断加强,标准信息服务平台与技术贸易壁垒信息的跟踪、加工、传递显得尤为重要,通过有效构建信息的搜集与发布机制和平台,为企业提供相关产业的国内外技术标准和准入制度信息,可为我国产品进入国际市场打下良好的信息基础。同时,平台可为企业提供技术性标准、政策法规和相关评定程序等方面的查询服务及资料配套服务。

建立进出口预警与双边协调机制。相关部门应加大对进出口风险的监管,实时监控进出口产品规模,对进出口额增长过快的产品要做出预警;高度重视行业协会的主导作用,充分利用好行业协会的职能,积极与政府部门进行有效交流与沟通,及时充分地获取国外有关本行业的市场信息和最新动态,并及时向会员通告,预防恶性出口竞争。

合理运用双边协商解决机制。各个经济体对世界经济的发展都有重要影响,贸易摩擦对各国经济的发展并无裨益。因此,各国应理性审视贸易摩擦,要以互惠共赢为目的,对双边贸易关系予以修复和调整,通过对话、交流和磋商,让矛盾得以最大化的消除。首先,加强沟通,构建合理的贸易协定谈判机制,寻找双方利益平衡点;其次,调整或重组涉外经济管理部门的机构设置或职责权限,将反倾销、反补贴及信息的采集与发布工作放在部门设置中的突出位置。

3. 应对贸易摩擦之企业层面

(1)转变经营思维,更加注重战略。经营思维转变才能带来经营行为的改变,进而才能改变企业的经营业绩。不可否认,在过去三十多年的发展过程中,机会导向和拼搏精神成就了一大批优秀企业。但是,面向未来,随着消费者市场的不断成熟,移动互联网的不断发展,市场监管越发规范,中国企业家必须要转变思维,回到企业经营的本质和原点,强化经营团队的规则意识、风险意识和危机意识,强调企业整体务必要务实经营,尊重企业经营和市场竞争的规律,真正做到一切经营行为都以客户需求为导向。这样才能在未来的全球化竞争中立于不败之地。

一些靠个人远见,或者产业机会,或者商业模式创新成功的企业家偶尔也会调侃战略的意义和作用,但是时间总是会给出正确的解读。也有些企业家废寝忘食,以战术的勤奋掩盖战略的懒惰,难以置身于事外谋划企业的未来,只能是"不识庐山真面目,只缘身在此山中",经营的业绩总是乏善可陈。中美贸易摩擦发生以后,外部环境正在或即将发生剧烈的变化。中国企业家务必要从战略的高度谋划企业未来,既要顺势而为,把握市场环境变化带来的机会,也要结合企业自身的资源与优势,找到自己的细分市场,培育自己的核心优势。通过战略规划引领企业发展的方向,通过战略实施贯彻战略意图,才能在波谲云诡的环境中立于不败之地。

(2)强化核心技术,培育系统能力。市场竞争表面上是产品和服务的竞争,深层次是企业系统能力之间的竞争,而这种系统能力差异是由企业家与企业家之间在市场认知、经营理念、决策能力、管理能力等方面的不同导致的。按照价值链的框架,这种系统能力体现在企业经营管理的各个方面,比如研发、采购、制造、营销、服务等环节,特别是新产品开发能力、供应链管理能力、品牌塑造与管理能力、网络开发与管理能力等等。但是,往往容易被忽视的是对这些能力管理的"能力",导致企业内部单方面优势难以形成系统、协调的能力,最终就很难在市场上形成竞争优势。所以,特别建议中国企业在加大硬件系统建设投入的同时,也要注意加强企业"软性管理系统"的建设,比如战略规划与管理体系、集团管控与组织管理体系、内部激励与约束管理体系、管理模式与机制创新体系、新产品开发管理体系、供应链管理体系等,才能将人才、资源等充分激活,并发挥最大的作用。总之,无论如何,中美贸易摩擦客观上已经发生,且必将对未来的世界格局、经济发展和中国自身的政治、经济改革带来深远影响,企业面临的环境也必然会发生巨大变化。如果中国的企业家能从中引发深层次思考和积极行动,能够转变经营思维,更加注重战略,强化核心技术,国际国内并举,培育系统能力,中国企业的市场竞争力将会有更明显的提升,并最终能在未来的国际市场竞争中脱颖而出。

(3)国内国外并举,拓展贸易渠道。目前我国中小企业的产品中,产品附加值较低的产品,如工业品、服装、化工原料等主要销往发展中国家及经济欠发达国家,发达国家所占比例较小。产品附加值较高的产品,如高新技术产品、科技创新产品、技术含量较高的产品等则主要销往发达国家,而这些产品也是发达国家的优势类产品,这样的局面就造成了易与这些国家在这些产品上发生贸易摩擦。而生产这些产品的很多技术都需要从发达国家引进,当出现贸易摩擦的时候,受制于人的情况时有发生。因此需要中小企业与国家一起,从企业自身和国家贸易政策出发,拓展产品的销售渠道,开拓更广阔的产品销售市场。我国目前实施的"一带一路"倡议,为中小企业产品销售提供了更多的机会。"一带一路"沿线有很多发展中国家和经济欠发达国家,随着经济的发展,这些国家需要的不仅仅是基础的消费品,对于高新技术产品的需求量也会越来越大,这样,我国中小企业就可以将自己的产品销售到更为宽广的市场中。在规避贸易摩擦带来的风险的同时,进一步促进企业的发展。

中美发生贸易摩擦以后,国内的市场无疑将会更加开放,会有更多的竞争者进入中国市场,竞争更加激烈。同时,国际市场也将会更加开放,对于中国的企业而言,也打开了一扇新的大门,市场空间更加广阔。

此外,对于原来以国外市场为主的企业而言,发展的机会更多。因为海外市场的市场空间、竞争程度、运营成本、现金流等相对国内市场而言,更有吸引力。具有客户、网络、品牌等资源和经验丰富的外向型企业显然要最大限度地发挥优势,以更加丰富的品类品种扩大市场规模,获得更好的发展。对于以国内市场为主的企业,也非常有必要对国际市场加大开发力度,要结合所在的行业,以及自身的产品与服务优势,制订海外市场发展规划,精准选择目标客户、区域市场、拓展渠道、主打产品,并通过人才、资源和组织保障在国际市场上崭露头角。无论是外向型企业,还是内向型企业,都应该精耕细作国内市场,最终实现国内市场和国际市场并举,这样才能在不断变化的环境中游刃有余。

参考文献

[1] 柴秋星.现代流通产业在我国双循环发展格局中的先导效应研究[J].商业经济,2021(1):44-45.

[2] 常晓然,李靖华.我国流通产业创新政策演化分析[J].科技管理研究,2015,35(8):36-42

[3] 陈浩东,潘勇.双循环新发展格局下现代流通体系的构建、建设机理与发展路径[J].商业经济研究,2022(12):5-8.

[4] 程艳.流通产业市场治理结构的理论分析[J].学术月刊,2019,51(7):56-65.

[5] 丁俊发.中国流通业70年的光辉历程[N].央视物流网,2019-10-15(10).

[6] 董弋萱.流通4.0时代下流通业核心竞争力培育再探[J].商业经济研究,2021(13):9-12.

[7] 付丹丹.中国流通产业竞争力现状与发展研究[J].北方经贸,2011(7):51-52.

[8] 韩耀,何广前.流通技术结构变迁与流通产业的发展[J].北京工商大学学报(社会科学版),2006(5):1-5.

[9] 何大安.流通产业组织理论的构建思路及框架设计[J].财贸经济,2014(2):103-113.

[10] 何大安.市场治理结构与产业运行格局:对中国流通产业竞争和垄断现状的理论考察[J].中国工业经济,2012(7):44-56.

[11] 何德旭,汪红驹,马珺,等."十四五"时期中国经济发展的新变化、新挑战[J].财经智库,2021,6(1):79-139,144.

[12] 何水.协同治理及其在中国的实现:基于社会资本理论的分析[J].西南大学
学报(社会科学版),2008(3):102-106.

[13] 黄国雄.论流通产业是基础产业[J].财贸经济,2005(4):61-65,97.

[14] 纪宝成.流通竞争力与流通产业可持续发展[J].中国流通经济,2010,24(1):
4-6.

[15] 纪宝成.正确认识和解决我国产业安全问题[J].中国国情国力,2009(10):
4-6.

[16] 蒋卫华.流通产业竞争力评价体系构建与实证研究:以上海为例[J].商业经
济研究,2016(4):25-27.

[17] 李靖华,常晓然.我国流通产业创新政策协同研究[J].商业经济与管理,2014
(9):5-16.

[18] 李丽,黄超,刘琦杰.产业转移与区域物流能力的相互作用机理分析[J].北京
工商大学学报(社会科学版),2011,26(6):41-47.

[19] 李晓晨.山东省物流业与地区经济及三大产业关系的实证研究[D].济南:山
东大学,2011.

[20] 刘飞,李谭君.食品安全治理中的国家、市场与消费者:基于协同治理的分析
框架[J].浙江学刊,2013(6):215-221.

[21] 刘根荣,付煜.中国流通产业区域竞争力评价:基于因子分析[J].商业经济与
管理,2011(1):11-18.

[22] 刘伟忠.协同治理的价值及其挑战[J].江苏行政学院学报,2012(5):
113-117.

[23] 刘月,郭亚红.数字经济、产业链韧性与流通业高质量发展[J].商业经济研
究,2022(19):176-179.

[24] 蒙天成,周利国."双循环"新发展格局下现代流通体系发展态势与高质量推
进策略[J].国际贸易,2021(8):46-53.

[25] 裴长洪,彭磊.中国流通领域改革开放回顾[J].中国社会科学,2008(6):86-
98,206-207.

[26] 芮明杰,刘明宇,陈扬.我国流通产业发展的问题、原因与战略思路[J].财经
论丛,2013(6):89-94.

[27] 上创利,赵德海,仲深.基于产业链整合视角的流通产业发展方式转变研究 [J].中国软科学,2013(3):175-183.

[28] 司增绰.需求供给结构、产业链构成与传统流通业创新:以我国批发和零售业 为例[J].经济管理,2015,37(2):20-30.

[29] 孙敬水,黄秋虹.中国城乡居民收入差距主要影响因素及其贡献率研究:基于 全国31个省份6937份家庭户问卷调查数据分析[J].经济理论与经济管理, 2013(6):5-20.

[30] 王晓东,谢莉娟.统筹推进现代流通体系建设的政策思考[J].财经智库, 2020,5(6):15-27,140.

[31] 王晓东,周旭东.扩大内需政策下流通产业增长的影响因素:包含制度因素的 主成分实证分析[J].中国流通经济,2016,30(1):17-24.

[32] 王砚羽,苏欣,谢伟.商业模式采纳与融合:"人工智能+"赋能下的零售企业 多案例研究[J].管理评论,2019,31(7):186-198.

[33] 吴云贝.我国特大城市流通产业竞争力研究[J].商业经济研究,2015(29): 125-127.

[34] 谢莉娟,王晓东.马克思的流通经济理论及其中国化启示[J].经济研究, 2021,56(5):20-39.

[35] 晏维龙.流通革命与我国流通产业的结构变动[J].财贸经济,2002(10): 36-41.

[36] 杨龙志.流通产业影响力演变的"倒U型"理论假说及实证检验[J].财贸经 济,2015(8):119-131.

[37] 杨曦,薛洋.我国流通产业市场治理结构及运行分析[J].商业经济研究,2017 (1):28-30.

[38] 依绍华,郑斌斌.中国流通业发展阶段特征与未来趋势[J].首都经济贸易大 学学报,2020,22(4):48-61.

[39] 依绍华."双循环"背景下构建商贸流通体系新格局[J].政策瞭望,2020(10): 49-51.

[40] 俞彤晖,陈斐.数字经济时代的流通智慧化转型:特征、动力与实现路径[J]. 中国流通经济,2020,34(11):33-43.

[41] 张晋芳.双循环背景下价值链协同创新对流通产业升级的影响[J].商业经济研究,2022(8):21-24.

[42] 张立荣,冷向明.协同治理与我国公共危机管理模式创新:基于协同理论的视角[J].华中师范大学学报(人文社会科学版),2008(2):11-19.

[43] 赵萍.线上线下融合发展进入实质阶段:2015 年中国流通产业回顾与 2016 年展望[J].中国流通经济,2015,29(12):24-29.

[44] 赵娴,陈曦,周航.中国流通业发展:历史轨迹、现实问题与未来方向:"十三五"回顾与"十四五"展望[J].商业经济研究,2021(22):5-8.

[45] 祝合良,杨光,王春娟.双循环新发展格局下现代流通体系建设思路[J].商业经济与管理,2021(4):5-16.

[46] 曾银娥.流通产业对经济增长促进作用的实证研究:基于 2003—2009 年 31 个省区市的面板数据[J].经济研究导刊,2016(4):29-31

[47] 本刊编辑部,郝玉柱.双循环新发展格局下统筹推进现代流通体系建设观点综述[J].中国流通经济,2020,34(11):3-17.

[48] 何大安.流通产业分析边界及其理论定位[J].中国流通经济,2014,28(10):4-12.

[49] 陆远权,蔡文波.产业扶贫的多方协同治理研究:以重庆市 X 县为例[J].重庆社会科学,2020(1):17-27.

[50] 曹允春,连昕.现代流通体系支撑新发展格局构建的理论逻辑与实践路径[J].学习论坛,2021(1):106-114.

[51] 依绍华.构建高质量流通体系助力"双循环"新发展格局[J].价格理论与实践,2020(9):9-11.

[52] 祝合良.双循环新格局下"十四五"我国现代流通体系高质量发展[J].中国流通经济,2022,36(2):3-10.

[53] 韩璐,姚晓东,魏泳博.推进天津市产业链、供应链有序高效衔接的对策研究[J].天津经济,2020(9):3-9.

[54] 肖亮,王家玮.现代流通体系畅通双循环的理论逻辑与内在机理研究[J].商业经济与管理,2022(1):5-18.

[55] 杜雅静,吴克燕."双循环"新发展格局下流通集聚与居民消费分层[J].商业

经济研究,2022(7):16-19.

[56] 贺登才."两业"一体化助力"双循环"[J].中国物流与采购,2020(18):25-26.

[57] 栗献忠.双循环背景下流通体系及供应链体系的再构建[J].价格月刊,2021 (10):89-94.

[58] 金善明.电商平台自治规制体系的反思与重构:基于《电子商务法》第35条 规定的分析[J].法商研究,2021,38(3):41-52.

[59] 朱晓娟,李铭.电子商务平台企业社会责任的正当性及内容分析[J].社会 科学研究,2020(1):28-36.

[60] 刘玉国,谌琦.互联网平台企业的社会责任与规制管理[J].决策与信息, 2019(5):83-91.

[61] 朱文忠,尚亚博.我国平台企业社会责任及其治理研究:基于文献分析视角 [J].管理评论,2020,32(6):175.

[62] ARMSTRONG M. Competition in two-sided markets[J]. The RAND journal of economics,2006,37(3):668-691.

[63] 阳镇.平台型企业社会责任:边界、治理与评价[J].经济学家,2018(5): 79-88.

[64] FARRELL J,KATZ M L. Innovation,rent extraction,and integration in systems markets[J]. The journal of industrial economics,2000,48(4): 413-432.

[65] 陈俊龙,王英楠.平台型企业社会责任多元治理研究[J].现代管理科学, 2021(7):74-82.

[66] 肖红军.国有企业社会责任的发展与演进:40年回顾和深度透视[J].经济 管理,2018,40(10):5-26.

[67] EVANS D S. The antitrust economics of multi-sided platform markets[J]. Yale journal on regulation,2003,20(2):325-382.

[68] 李广乾,陶涛.电子商务平台生态化与平台治理政策[J].管理世界,2018, 34(6):104-109.

[69] DAVIS K. Can business afford to ignore social responsibilities? [J]. California management review,1960,2(3):70-76.

[70] 肖红军,李平. 平台型企业社会责任的生态化治理[J].管理世界,2019,35(4):120-144,196.

[71] EISENMANN T,PARKER G,VAN A M W. Strategies for two-sided markets[J]. Harvard business review,2006,84(10):92.

[72] TIWANA A,KONSYNSKI B,BUSH A A. Research commentary-platform evolution:coevolution of platform architecture,governance,and environmental dynamics[J]. Information systems research,2010,21(4):675-687.

[73] EVANS D S. Governing bad behavior by users of multi-sided platforms[J]. Berkeley technology lavo journal,2012,27(2):1201-1250.

[74] 高少丽. 平台经济模式下平台治理相关问题探究[N],中国工商报,2017-04-29(A3).

[75] 周学峰,李平. 网络平台治理与法律责任[M]. 北京:中国法制出版社,2018.

[76] 余晓晖.建立健全平台经济治理体系:经验与对策[J].人民论坛·学术前沿,2021(21):16-24.

[77] 姚辉,阙梓冰.电商平台中的自治与法治:兼议平台治理中的司法态度[J].求是学刊,2020,47(4):90-102.

[78] 宋晓舒. 跨境电子商务平台治理分析[J].中国经贸导刊(中),2019(10):17-19.

[79] 姚建华. 全球平台经济发展中的平台劳动:类型、挑战与治理[J].传媒经济与管理研究,2019(1):26-39.

[80] 张心. 平台治理:以平台企业为中心的多元治理:以滴滴平台为例[J].统计与管理,2019(2):66-69.

[81] 崔保国,刘金河.论网络空间中的平台治理[J].全球传媒学刊,2020,7(1):86-101.

[82] 沈占波,代亮.失范与重构:数字化时代平台型企业开放式创新风险与治理研究[J].河北学刊,2022,42(1):161-171.

[83] 汪旭晖,任晓雪.政府治理视角下平台电商信用监管的动态演化博弈研究

[J]. 中国管理科学，2021，29(12)：29-41.

[84] BENLIAN A，HILKERT D，HESS T. How open is this platform？the meaning and measurement of platform openness from the complementers' perspective[J]. Journal of information technology，2015，30(3)：209-228.

[85] 蒋国银. 平台经济数字治理：框架、要素与路径[J]. 人民论坛(学术前沿)，2021，1(17)：32-39.

[86] 易开刚，黄慧丹. 平台经济视域下企业社会责任多中心协同治理模式研究：基于平台型企业视角双案例的研究[J]. 河南社会科学，2021，29(2)：1-10.

[87] 刘皓琰. 信息产品与平台经济中的非雇佣剥削[J]. 马克思主义研究，2019(3)：67-75，160.

[88] 陈兵. 互联网平台经济运行的规制基调[J]. 中国特色社会主义研究，2018(3)：51-60.

[89] PERSCHEID G，OSTERN N K，MOORMANN J. Determining platform governance：framework for classifying governance types[C]//ICIS. 2020.

[90] LAURSEN K，SALTER A. Open for innovation：the role of openness in explaining innovation performance among UK manufacturing firms[J]. Strategic management journal，2006，27(2)：131-150.

[91] 钟琦，杨雪帆，吴志樵. 平台生态系统价值共创的研究述评[J]. 系统工程理论与实践，2021，41(2)：421-430.

[92] 王书艺. 电子商务平台供应链博弈分析及多元治理模式研究[D]. 杭州：浙江工商大学，2019.

[93] ZHU F. Friends or foes？examining platform owners' entry into complementors' spaces[J]. Journal of economics & management strategy，2019，28(1)：23-28.

[94] 蔡赛男，吴海民. 基于交易成本视角的企业第四利润源泉研究[J]. 企业经济，2012，31(4)：29-32.

[95] 李敏，刘采妮，白争辉，等. 平台经济发展与"保就业和稳就业"：基于就业弹性与劳动过程的分析[J]. 中国人力资源开发，2020，37(7)：84-95.

[96] 崔晓明，姚凯，胡君辰. 交易成本、网络价值与平台创新：基于 38 个平台实

践案例的质性分析[J]. 研究与发展管理，2014，26(3)：22-31.

[97] 邹开亮，彭榕杰. 大数据"杀熟"的法律定性及其规制:基于"算法"规制与消
费者权益保护的二维视角[J]. 金融经济，2020(7)：51-57.

[98] 邹开亮，陈梦如. 算法控制下"网约工"权益保护的困境与出路[J]. 价格理
论与实践，2021(6)：44-48,93.

[99] 蔡润芳. 技术之上的"价值之手":对算法"物质性"的媒介政治经济学追问:
以美团外卖平台"超脑"系统为例[J]. 新闻界，2021(11)：32-42.

[100] SCHMIDT F A. Digital labour markets in the platform economy：
mapping the political challenges of crowd work and gig work ［R］.
Friedrich-Ebert-Stiftung，Bonn，2017.

[101] 孙萍. "算法逻辑"下的数字劳动:一项对平台经济下外卖送餐员的研究
[J]. 思想战线，2019，45(6)：50-57.

[102] 黄再胜. 网络平台劳动的合约特征、实践挑战与治理路径[J]. 外国经济与
管理，2019，41(7)：99-111,136.

[103] KENNEDY E J. Employed by an algorithm：labor rights in the on-demand
economy[J]. Seattle university law review，2017，40(3)：987-1048.

[104] 王琦，吴清军，杨伟国. 平台企业劳动用工性质研究:基于P网约车平台
的案例[J]. 中国人力资源开发，2018，35(8)：96-104.

[105] 袁文全，徐新鹏. 共享经济视域下隐蔽雇佣关系的法律规制[J]. 政法论
坛，2018，36(1)：119-130.

[106] 李阳. 分化与重建:互联网中等收入群体的社会认同[J]. 江海学刊，2021
(5)：112-121,254.

[107] GERSON J，PEISS K. Boundaries，negotiation，consciousness：reconceptualizing
gender relations[J]. Social problems，1985，32(4)：317-331.

[108] 冯向楠，詹婧. 人工智能时代互联网平台劳动过程研究:以平台外卖骑手为
例[J]. 社会发展研究，2019，6(3)：61-83,243.

[109] 范如国. 复杂网络结构范型下的社会治理协同创新[J]. 中国社会科学，
2014(4)：98-120.

[110] SCOTT W R. Institutions and organizations：Ideas，interests，and

identities[M]. 4th ed. SAGE Publications，Inc.，2013.

[111] 王茜. 互联网平台经济外卖骑手的权益保护问题[J]. 云南社会科学，2017
(4)：47-52，185.

[112] 杨静. 平台企业从业人员保障方案：中欧对比及启示[J]. 社会保障研究，
2020(3)：94-102.

[113] 闻效仪. 去技能化陷阱：警惕零工经济对制造业的结构性风险[J]. 探索与
争鸣，2020(11)：150-159，180.

[114] 喻国明，马慧. 关系赋权：社会资本配置的新范式:网络重构社会连接之下
的社会治理逻辑变革[J]. 编辑之友，2016(9)：5-8.